中国企业管理模式实证研究

EMPIRICAL RESEARCH ON
THE ENTERPRISE MANAGEMENT
MODEL IN CHINA

伍华佳 著

经济管理出版社
ECONOMY & MANAGEMENT PUBLISHING HOUSE

图书在版编目（CIP）数据

中国企业管理模式实证研究/伍华佳著 .—北京：经济管理出版社，2012.11
ISBN 978－7－5096－2189－9

Ⅰ.①中… Ⅱ.①伍… Ⅲ.①企业管理—管理模式—研究—中国　Ⅳ.①F279.23

中国版本图书馆 CIP 数据核字（2012）第 264804 号

组稿编辑：贾晓建
责任编辑：许　兵
责任印制：黄　铄
责任校对：陈　颖

出版发行：经济管理出版社
　　　　　（北京市海淀区北蜂窝 8 号中雅大厦 A 座 11 层　100038）

网　　址：www.E-mp.com.cn
电　　话：（010）51915602
印　　刷：北京广益印刷有限公司
经　　销：新华书店
开　　本：880mm×1230mm/32
印　　张：7
字　　数：205 千字
版　　次：2012 年 12 月第 1 版　2012 年 12 月第 1 次印刷
书　　号：ISBN 978－7－5096－2189－9
定　　价：25.00 元

·版权所有　翻印必究·
凡购本社图书，如有印装错误，由本社读者服务部负责调换。
联系地址：北京阜外月坛北小街 2 号
电话：（010）68022974　邮编：100836

前　言

改革开放 30 年后，中国经济持续高速发展，实现了质的飞跃。中国企业经过 30 多年改革的洗礼，已从全盘西化、消化吸收到自主创新，建立起具有中国特色的管理模式。经过 30 多年的学习、拼搏和洗礼，中国企业在取得骄人经济业绩的同时，逐渐形成了具有中国东方管理特色的、融西方管理手段与方法的独特的管理模式，中国管理模式萌芽了。

改革开放以来，作为理论研究者的我们，一直没有停止对中国管理模式的探讨、研究和技术升级。随着中国企业管理实践经验的不断积累，中国企业管理研究者也不断地将视角从理论研究向实证研究的方向发展，以此，从中国企业管理实践中提炼、总结、丰富、完善中国企业管理模式，以形成具有本国特色并且对全世界企业具有借鉴意义的管理模式。

在此背景下，本专著主要以中国国有企业、民营企业和中外合资企业为研究对象，以东方管理理论为分析工具，以东方管理的"人道管理"、"人心管理"、"人缘管理"、"人谋管理"和"人才管理"为主要研究框架，通过深度调研和问卷调查进行实证分析和论证，揭示、比较了改革开放后中国各所有制企业管理模式的特征、趋同，探讨了具有东方管理特征和中国特色的中国企业在当代经济发展过程中的效率和效果，提出了中国各所有制企业未来的变革方向。

在本书的写作过程中非常感谢张勇博士、江金彦博士、毛隽博士和余自武博士在实证研究阶段给予的极大支持和帮助。同时，我也希望本专著能成为复旦大学"985"工程三期整体推进社会科学研究项目"中国管理模式研究——东方管理思想创新"（项目编号：2011SHKXZD005）的子项目研究成果并得以出版。

作者

2012 年 10 月 16 日于上海

目 录

第一章 绪论 …………………………………………………… 1
  第一节 研究背景 ……………………………………………… 1
  第二节 研究意义 ……………………………………………… 5
  第三节 研究框架、方法及技术路线 ………………………… 10

第二章 企业管理理论概述 …………………………………… 14
  第一节 东方管理理论 ………………………………………… 14
  第二节 中国管理学 …………………………………………… 22
  第三节 西方管理 ……………………………………………… 30
  第四节 华商管理学 …………………………………………… 40

第三章 中国企业的形成与发展 ……………………………… 49
  第一节 国有企业的发展历程 ………………………………… 49
  第二节 民营企业的发展历程 ………………………………… 61
  第三节 中外合资企业的发展状况 …………………………… 74

第四章 中国企业管理模式的理论建构 ……………………… 82
  第一节 中国企业管理模式的发展方向 ……………………… 82
  第二节 中国企业管理模式的构建 …………………………… 91
  第三节 中国企业管理模式的评价指标 ……………………… 125

第五章 研究方法 ……………………………………………… 140
  第一节 研究对象及数据来源 ………………………………… 140

第二节 问卷设计…………………………………………… 141
第三节 数据分析方法……………………………………… 150

第六章 统计结果分析………………………………………… 154
第一节 中国企业管理模式样本统计的信度与效度分析…… 154
第二节 中国企业管理模式的结构模式统计分析…………… 161
第三节 中国企业管理模式的支撑模式统计分析…………… 175
第四节 中国企业管理模式的管理绩效统计分析…………… 182

第七章 中国企业管理模式实证结果讨论…………………… 185
第一节 中国企业管理模式的结构模式实证结果讨论……… 186
第二节 中国企业管理模式的支撑模式实证结果讨论……… 192
第三节 中国企业管理模式的管理绩效实证结果讨论……… 196
第四节 中国企业管理模式影响因子的预测与控制………… 197

参考文献 ………………………………………………………… 215

第一章 绪论

第一节 研究背景

全球化进程已将世界联为一体,一个大国的发展必将影响许多国家甚至整个世界经济的发展。具有13亿人口的中国经过改革开放30多年所取得的伟大成就已经引起了全世界的普遍关注,以中国实践为土壤的中国管理模式的研究、总结、提升与传播,无疑对世界产生广泛而深远的影响。随着世界各国间的政治、经济、文化交流的不断深入,人们在探讨中国发展的原因的同时,更多的发展中国家希望从中国的发展历程中得出有益于其本国发展的启示。

中国管理模式脱胎于中国本土企业,但随着中国经济的崛起已经吸引了全球的目光。在市场经济发展中,中国企业只是一味地学习西方管理模式是远远不够的,中国企业还必须在此基础上融入中国企业实践活动的管理模式,探索跨文化的管理对接。在中国企业仿效日式和欧美的管理体系之后,奠基和倡导植根于中国文化的全新的管理理念,对中国管理学界和企业界来说,已是势在必行。几年来,对于中国管理模式的探讨和学习已经成为业界风尚。

一、中国管理的进程

一个国家的经济发展与企业管理水平的提升永远是相伴相随、互助互动的。一个经济强国的背后必然屹立着一大批有着国际竞争力和杰出管理水平的企业。然而文化、地域的差异使得管理模式不可照搬照抄,这要求我们尽快梳理出中国管理模式,创新中国管理理论,让更多的中国企业甚至世界企业能从中受益。

在过去的30年里,中国的管理经历了一个渐进的过程:

回想中国改革开放之初的1978年,在那样一个百废待兴的年代,中国企业的第一代探索者们,几乎是"白手起家",他们摸索着开启了中国管理的启蒙时期。当然,这一过程注定艰难而漫长,人们记忆犹新的是:即便改革开放已经进入了第五个年头,张瑞敏还是以包括"不准在车间随地大小便"的"管理十三条",来开启海尔的正规化之路。然而,管理创新以及由此带来的服务至上,正是海尔后来成为世界级家电制造商的最重要的保证。1988年,在深圳市蛇口工业区,有标语写着:"时间就是金钱,效率就是生命"。可见当时我们的管理追求的就是效率和有效性。

在启蒙之后,中国企业又经历了几年以制度创新促管理创新的时期。那时,以"规范管理"著称的外资巨头开始落户中国,给中国企业造成了强力冲击。像麦当劳、肯德基在中国开店,统一操作、标准化管理,给当时的中国餐饮业造成致命的打击。为此,中国企业在学习外企的基础上,进行了非常有益而多元的制度创新实验,并以此夯实管理创新的制度基础。

然而,正如所有"拿来主义"都不会持久一样,1990~2000年,中国企业最大的课题也变成了"食洋不化"或者叫"中西融合"难题。这一时期,国有企业的管理体制和经营机制发生了深刻变化,中国企业开始建立起现代企业制度,并着力于基于本土市场与文化的管理模式的创新,从而涌现出一批具有较强竞争力的企业集团,如海尔、TCL等优秀企业。在这一时期,KPI(关键绩效指标法)管理模式引入中国,很多企业在进行绩效考核的时候应用平衡计分卡。海尔文化激活休克鱼的案例正式写进哈佛大学教材。刘光起的A管理模式(行政管理)成为体系。

2001年之后,随着中国"入世",中国企业进入"国际接轨期",

第一章 绪论

这个时期越来越多的企业开始进行国际化探索,很多企业引入六西格玛。2004年6月,一周之内,有"世界第一CEO"之称的GE前CEO杰克·韦尔奇与中国企业领袖进行的尖峰对话和战略大师迈克尔·波特的演讲在中国"扎堆儿"。而伴随着近几年来中国的崛起进程的加快,中国企业越来越多地在全球发现自己和展现自己。比如,联想早在几年前就并购了IBM的PC业务,华为也进行了成功的国际并购,在最近几年甚至连续超越诺基亚、西门子等巨头,成为仅次于爱立信的全球第二大电信设备商。①

2004年以来,中国管理模式进入萌芽时期。经过20多年的学习、拼搏和洗礼,中国企业在取得骄人经济业绩的同时,逐渐形成了具有中国特色的、融西方管理手段与方法的独特的管理模式,中国管理模式萌芽了。曾有一位企业家讲过一句话:20年前中国企业家不看西方管理书籍那是无知,20年后,如果还看西方管理书籍,那就是无能。

如上所述,中国管理模式正在形成。综观世界管理的发展进程,从20世纪30年代美国、60年代日本、80年代韩国等国企业的发展来看,都因为文化的差异、地域差异、历史条件、科技生产水平的差异,而在不同时期,形成了具有本国特色并且对全世界企业具有借鉴意义的管理模式。

中国改革开放30多年来,经济持续高速发展,中国企业对管理也从全盘西化、消化吸收到自主创新,已涌现出海尔、联想、华为、蒙牛、万科、招商局集团等一批成功企业。中国企业成功发展的实践,为总结中国管理模式奠定了基础,中国企业管理的广泛实践为中国管理模式的研究提供了丰富的"矿藏"。随着中国企业入选世界500强数量的增加,可以确信的是,中国企业的现实成长绝不是仅仅依靠劳动力成本低、大量消耗资源、政府的保护政策或整体经济上升就能够达到的,中国企业还有其自身的管理之道。

---

① 中国管理模式杰出奖理事会:《解码中国管理模式②》,机械工业出版社,2010年6月。

二、中国管理模式的研究

实际上，如果从管理的本质来评价，中国企业在过去 30 多年所取得的发展成就已经足以载入世界管理学史册。在这些成就的背后，有持续的管理和创新，有西方管理思想的渗透，也有中国管理模式的独特基因，否则，西方管理学难以准确表达和阐述许多中国现象：为什么中国经济能够连续保持 30 年的快速发展？为什么中国制造了全球市场上 70％的玩具、60％的自行车、50％的鞋、40％的个人电脑和 30％的电视和空调？为什么越来越多的中国企业在新兴市场上的竞争优势越来越明显？

管理的进步总是会爆发性、持久性地推动经济发展。有一份资料表明，生产力提升有 65％来自管理的改善和创新。在美国，平均每年生产力提升 2.5％，其中，0.5％是劳动力的改善，0.4％是投资的改善，1.6％来自管理方法的改善。

管理与技术和资本不同，除了有管理共性的一面外，同时还有地域、民族和文化的差异。理性的科层组织产生于德国，事业部制等大公司管理的理论产生于美国，强调团队精神的企业文化和严细精益的管理风格诞生于日本，这都包含地域与民族特色。各国管理在本质相通的原则下，在不同国家存在着不可忽视的差别，这往往是各国企业竞争力和成功关键有所不同的重要原因。

管理大师德鲁克说："管理是以文化为转移的，并且受其社会的价值、传统与习俗的支配。纵观全球，每个国家由于文化、历史不同，在管理上的确具有鲜明的个性色彩。"典型的管理模式可分为美式、德式以及日式。

作为一个移民国家，美国拥有多样性，整个社会崇尚个人主义，并由此形成了极其重视实用性绩效和激励文化的管理模式。正如比尔·盖茨、亨利·福特在美国家喻户晓那样，在美国人心目中，"白手起家"的人是英雄。而任何一项发明或创新能否被接受，关键在于它是否具有实效性，即能在企业中应用。与此相应，美国的绩效考核也以注重实用性为核心,和过程相比,结果才是导向。

而德国文化一向以精密严谨闻名,映射到企业管理上,重视核心技术和质量成为其管理圆心。德国不但对全体员工进行多层次的质量意识培训,而且,德国还有其特有的技师制度。集中优势力量,深入研究某个领域,这是德国企业普遍不断进行技术创新的关键。

与美国和德国相比,最后兴起的日本则以团队精神见长。很显然,他们擅长以整体取胜,默契配合,从而提升企业整体效率。如今享誉世界的日本精益管理,从根本上正是源于让每个员工都参与到企业各个环节的改进和提高之中,形成合力。

和这些已经成型的管理模式相比,尽管中国在过去30多年中创造的财富相当于之前历史之和,但中国的企业管理仍处于萌芽中。回顾中国管理走过的历程我们不难发现,中国企业的发展路径与国外比较,差异不小。在中国企业发展的过程中,经济体制及市场环境发生了根本性变化,中国企业管理之道及其机制产生于中国国情,因而有其特殊性。为此,我们在研究、构建中国管理模式时既要关注管理理论在合理组织生产力方面的普遍性规律,更要重视它在中国特殊环境下适应"国情"的特别之处。总结中国企业的独特优势和管理特色是中国管理模式研究的切入点。

第二节 研究意义

自20世纪80年代起的中国经济增长是人类社会发展过程中一个史无前例的事件。虽然在此之前有日本的经济奇迹和"东亚四小龙"的崛起,而与此同时其他"金砖国家"的经济发展也相当耀眼。但中国30余年经济增长达到的速度、广度和持久度远远超过了历史上任何一个国家和地区在相同的发展时期内所获得的成就。展望未来,中国仍然保持着良好的发展势头,应该不会落入困扰了拉美各国多年的增长陷阱,再过不到30年,中国GDP(国内生产总值)总量可能超过美国而成为世界第一大经济体。面对中国经济发展的奇迹，人们开始探讨和追寻是否有特殊的"中国发展模式"和"中国管理模式"，如果这些模式的确存在，能否被其他发展中国家甚至发达国家所学习。

思想界的讨论聚焦于是否存在有别于"普世价值"的"中国模式"，因为涉及政治体制和意识形态方面的问题，所以在当前环境里很难达成共识。但如果纯粹从整体经济来看，中国的发展和当年的日本以及"东亚四小龙"有相当多共同的地方，就是利用低成本劳动力的优势发展最适合自身分工的制造业，利用开放的国际贸易市场带动国内经济的发展。但是，为什么中国经济的发展速度要比别人快、广度要比别人宽、持久度要比别人长呢？为此，我们有必要更多地考察承载了中国经济发展的主体——中国的各类企业，考察它们如何在改革开放进程中摆脱旧的计划经济的枷锁，迎接开放的国际市场的竞争，把国际上成熟的管理经验和中国悠久的传统哲学融合在一起，形成一系列有特色的治理企业的手段和方法。在这当中，每一个成功的企业都有一个成功的模式，如果我们从众多企业的模式中可以找到一些共同的元素，而这些共同的元素又具有明显的中国特色，也许我们就可以向世界推出成功的"中国管理模式"。

在全球化时代的中国管理模式，其内涵主要包括：首先，需要建立现代的中国管理理论与伦理哲学。中华民族的5000年文明，留下了丰厚而宝贵的精神财富，所以，我们需要吸取优良的传统，并将之与现代化的工业文明相结合，从而形成适合于现代乃至未来的富有东方特色的管理理论。其次，我们需要继续引进、消化和创新西方的管理思想。无论是欧洲、日本还是美国的，我们既需要"拿来"，又需要将之很好地融入中国管理思想的体系中，真正做到"中西结合、洋为中用"。最后，我们需要中国的成功管理实践。改革开放30年中，中国诞生了很多成功的企业、优秀的企业，它们所倡导并实践的管理模式，非常值得研究、总结，更值得诸多中小企业学习，并让它们少走弯路。为此，本书的研究意义主要体现在以下几个方面：

一、中国管理模式的理论建构的需要

改革开放以来，中国一直没有停止对中国管理模式的探讨、研究和技术升级，理论界与实业界对其进行了热烈的讨论，中国管理模式成为过去几年里管理培训与研究的热点。随着近年来中国经济的快速增长，随着中国企业管理实践经验的不断积累，有关中国管理模式、中国式管理的声音也逐渐洪亮起来，归纳近几年我国理论界与实业界对中国管理模式及中国式管理的探讨，主要可分为以下几个方面：

（1）有关中国管理模式基础理论构建研究。曾仕强认为，中国式管理是指以中国管理哲学来妥善运用西方现代管理科学，并充分考虑中国人的文化传统以及心理行为特征，以达成更为良好的管理效果。吴如嵩指出，《孙子兵法》的战略理论是中国战略文化最杰出、最古老、最典型的代表。苏东水将中国管理的精髓概括为"以人为本，以德为先，人为为人"。席酉民认为，中国式管理的精髓是和谐。李占祥将对立统一规律应用于企业分析，认为矛盾是一切事物发展的动力，也是企业成长的动力。

（2）有关中国管理模式特色研究。孙德芬认为，要建立中国管理模式，就要把世界上先进的、现代化的经验与中华民族好的传统与特点融合起来，以形成具有中国特色的管理模式。阮平南认为，中国管理模式的建立要促进经济发展，不能脱离当前的生产力水平，理念上应当保持以代表时代发展和民族文化核心为基础；手段上与方法上应当吸取最能代表先进生产力的发展成果。

（3）有关中国管理模式的特点研究。翁晓文认为，中国管理模式的特点是：第一，有着东方人的独特智慧；第二，运用了国外先进的管理思想，因而具有开放性；第三，有创新性。阮平南、孙莹认为，中国管理模式，其管理理念是"天人合一"，其管理历程是"修己安人"，其管理方法是"情、理、法、利"相结合。熊志坚、杨德良、张明泉认为，中国管理模式具有特色性、科学性、实践性、具体性、创造性、长期性、优秀性。邱州鹏认为，中国管理模式应具有"天人合一"、"以人为本"、"修己安人"、"中庸之道"和"无为而治"的特点。

在此,值得一提的是,苏东水从文化角度探索了东方管理学,创建了研究中国管理模式的"东方管理学派著系":"三学"(东方管理学、中国管理学、华商管理学)、"四治"(治国、治生、治家、治身)、"八论"(人本论、人德论、人为论、人道论、人心论、人缘论、人谋论、人才论),为我们研究中国管理模式奠定了一定的理论基础。

虽然理论界对中国管理模式理论的研究有了一定的积淀,但是目前,对中国的企业管理在微观层面系统的、较长期的实证数据和综合研究严重不足,本书对中国企业管理模式的实证研究就是希望对中国管理模式理论研究做一定的支撑与补充。

二、引进、消化和吸收西方管理思想的需要

谈中国管理模式,并不拒绝西方的现代管理思想。伴随着工业革命而诞生的西方管理,其优势在于尊重流程、尊重制度、尊重秩序,但是,东方智慧对于不确定性的驾驭远远胜过西方。从这一角度来看,成功的中国管理模式应该是将西方的优势与中国的管理智慧结合起来,无论是欧洲的、日本的还是美国的,我们既要"拿来",又要将之很好地融入中国管理思想的体系中,真正做到"中西结合、洋为中用"。"西学为用"强调学习西方成熟的管理制度、体系、流程、方法。这些体系建立在西方主张个性、自由、公正、公平的人文主义思想之上,可以追溯到古希腊时期亚里士多德精神理念和欧洲文艺复兴、宗教革命。在西方管理哲学基础上产生的管理制度和体系是中国社会在几千年中所缺乏的。现代管理的制度、流程、规矩,产生于西方并成熟于西方和东方的日本。"中学为体、西学为用"的核心在于把中国传统文化中的管理精髓和成熟的管理制度以及管理体系有机地结合和融合。在融合的基础之上产生出中国管理的方法和实践,包括不同形式的管理行为、领导方法、组织

方法、激励策略等。

目前，西方和日本企业成熟的管理体系和流程已经开始融合到中国企业管理体系之中。今天的国有企业、民营企业和中外合资企业在管理体系、绩效评估和管理方法等方面都开始和国际接轨，尽管差异化很大。中国管理模式的发展和成熟依赖于中国社会、文化、政治、经济、教育等领域里深层次改革的持续性和成功。中国经济发展、政治稳定、社会文明程度提升之后，中国管理模式会逐步成形、成熟、发展、完善，这是大势所趋。100多年前的日本社会在明治维新期间曾经一度全盘西化，但经过半个多世纪的经济社会发展之后，日本逐步发展了建立在"东学为体、西学为用"基础之上，融合日本传统文化特征和西方管理体系的日本管理模式，突出代表为丰田汽车、松下电器、索尼和京瓷。在当今世界，中西合璧，对外开放，学习、吸收世界上一切好的东西，与中国企业管理文化相融合是发展中国管理模式的核心和保障。同时，这也是本书研究的一个重要目标。本书希望通过实证研究，探索和深入剖析中国企业在"中西合璧"管理方法上的创新和应用，对中国企业的成功管理进行一定的梳理、总结和提升，构建中国管理模式。

三、总结、提升成功管理实践的需要

经济发展与企业管理水平的提升是相伴相随、互助互动的。要成为经济强国必须成长出一大批具有较高管理水平和国际竞争力的企业。高速的经济发展是创新管理理论的沃土，激活了企业管理创新的热情。但是，面对现实，我们必须承认，与持续高速经济发展相比，中国企业的管理能力和管理水平还不适应企业的规模，中国的企业管理理论还落后于企业的实践。在缺乏系统的中国式管理理论指导的情况下，如宝钢、华为、中远、海尔、三一重工、振华港机、万向等一批企业汲取国际经验，结合国情和企业实际不断创新，取得了很大成功；但也有不少企业辉煌一时，昙花一现。因此，对中国成功企业的管理实践进行总结和理论提升，探究其成功之道，并以此指导企业管理,对普遍提升中国企业管理水平、提升中国企业竞争力具有重要意义,这也是本书研究的另一个重要目的。

中国企业的发展路径与国外比较有很大差异,中国企业的管理之道及其机制受制于中国国情而有其特殊性。照搬西方的一套,不能解决中国企业管理的全部问题。我们既要关注科学管理理论在资源配置和合理组织生产力方面的普遍性规律,更要重视它与中国的传统、文化和经济体制密切相关的特殊性,以及特殊性与普适性有效融合的途径,研究建立中国式企业管理理论。为此,本书的研究将以苏东水提出的东方管理理论为理论基础,希望通过对中国企业成功实践背后的管理奥秘和理论解释的探寻,实际验证其理论的科学性、真实性与可靠性,希望建立在这一理论上的中国管理模式具有普遍的指导意义并惠及众多企业。

第三节 研究框架、方法及技术路线

一、研究框架

在过去30余年中,中国经济的高速发展令世界瞩目,然而,中国工业化、现代化的战略目标,绝不是仅靠大规模投资和产能扩张就能实现的,关键是奠定技术能力和管理创新的基础。而创新的管理又是新技术价值实现的必要条件。在此,为了创新中国管理,我们有必要挖掘中国企业成功的奥秘,从实证研究入手,系统总结"中国管理模式",凝练我国企业管理的成功经验,进而创建中国式企业管理科学。本书本着本章第二节中所阐述的研究意义,将以苏东水的东方管理理论为研究基础,对中国企业具有普适性的管理特征进行提炼和总结,实证研究中国企业管理模式的特征,构建具有中国企业管理普适性的管理模式,用以指导中国企业的管理实践,并从实证角度论证苏东水提出的东方管理理论的科学性、真实性和普适性。本书共分为七章。

第一章绪论，这一章主要阐述本书的研究背景和研究意义，提出本书研究框架、方法及技术路线，阐明本书主要的研究内容与方法的创新。第二章企业管理理论概述，这一章主要介绍与本研究相关的管理理论，如东方管理理论、西方管理理论、中国管理理论和华商管理理论。第三章中国企业的形成与发展，这一章重点介绍了国有企业改革开放30年来走过的企业改革之路、民营企业的形成与特点。第四章中国企业管理模式的理论建构，这一章着重研究了中国企业管理模式的发展方向、模式的构建以及模式的评价指标体系。第五章研究方法，介绍了本书的研究对象、数据来源、问卷设计以及数据分析方法。第六章统计结果分析，主要阐述了中国企业管理模式样本的信度与效度分析，管理模式的结构模式与支撑模式的统计分析。第七章中国企业管理模式实证结果讨论，主要对中国企业管理模式的结构模式和支撑模式的实证结果进行讨论，对管理模式影响因子进行预测与控制。

二、研究方法

本书研究的内容较丰富，研究方法呈多学科交叉融合，具有演绎分析与归纳分析相结合、规范研究与实证研究相结合、定量分析与定性分析相结合的基本特点，具体研究方法包括：

（1）用唯物辩证法的溯因分析法和功能法，界定了中国国有企业、中国民营企业与中国合资企业的管理要素及作用。

（2）运用东方管理、五行管理心理测试法和统计分析法构建中国管理模式评价体系，定量分析中国国有企业、中国民营企业和中国合资企业的管理特征，揭示了中国各类不同所有制企业的共性与差异及内在形成与演变规律。

（3）运用问卷调查、深度访谈及因子分析，归纳、比较中国国有企业、中国民营企业和中国合资企业的成功因子；同时，运用回归分析方法研究、揭示了这三类不同企业的五行管理与管理绩效之间的内在关联。

（4）以东方管理思想为研究基点，融东西方管理之精华，提炼、塑造一种全新的中国管理模式，并通过实证分析，检验中国管理模式的科学性与可行性，为指导企业实践提供依据。

三、创新之处

（1）中国管理模式形成机理的分析。以中国管理理论、西方管理理论及华商管理理论为理论基础，结合中国的具体国情，对中国管理模式的形成进行动态分析，深层次揭示中国管理哲学在中国管理模式形成与演化过程中的特殊地位和作用。

（2）中国管理模式特征的理论假设。以"以人为本、以德为先、人为为人"为管理理念，以五行管理"人缘行为"、"人道行为"、"人心行为"、"人才行为"、"人谋行为"和西方科学管理为研究视角，将理性管理与人性管理相融合，立足中国具体国情，理论假设中国管理模式的现代特征。

（3）构建中国管理模式特征的评价维度。以中国民营企业、中国国有企业、中国合资企业为主要研究对象，以这些企业的管理特征为主要分析对象，构建中国管理模式特征的评价维度，为中国管理模式特征的萃取提供分析工具和研究手段，对中国管理模式特征进行理论论证和实证分析。

（4）中国管理模式特征的提炼与重塑。以实证分析为研究依据，解析中国管理模式特征形成的内在机理和优劣势，提炼优秀的管理因子，将管理的科学性与制度建构融入现代中国企业的管理之中，重塑现代中国企业管理的管理要素，创新中国管理模式，用于指导中国企业的管理实践。

四、技术路线

本书的技术路线如图1-1所示。

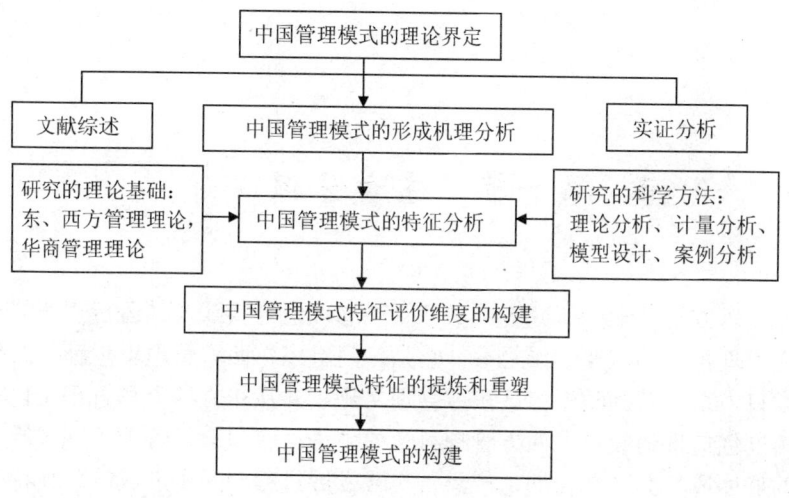

图1-1 本书的技术路线

第二章 企业管理理论概述

第一节 东方管理理论

东方管理学是研究古今中外管理的理论与实践及其运行规律的现代管理科学的重要学派之一，它是一门融东、西方管理思想精华的新学科。东方管理学根植于东方管理文化，并从东方社会和管理文化的角度创造性地吸收了西方管理科学的精华；它包含了若干不同区域中的群体成员共同在长期生产经营实践发展过程中逐步形成的、独特的价值观，以及以此为核心发展起来的行为规范、道德标准、群体意识、风俗习惯等。它是一门融合东、西方管理思想精华的新兴学科。

一、东方管理学的研究对象

东方管理学是研究古今中外管理的理论与实践及其运行规律的现代管理科学，汇集了东西方各族人民的智慧，其研究的主要范围涵盖着源于亚洲黄河、长江流域、印度恒河、印度河流域和两河流域，以及非洲尼罗河流域的一切人类管理活动的精华，它也是东方各族人民在漫长的历史中，在生产和生活实践活动过程中创造并积累下来的。

从时间跨度来看，中国管理的历史远比西方长得多。在西方，把管理作为一门学科进行系统研究，只不过是最近100多年的事情；而在中国，有史料可查的管理典籍可以追溯到距今2000多年前的《尚书》、《周礼》,虽然当时并没有形成一个符合现代西方标准的、能够体现各行各业各种管理工作共同特点的管理学,但史料已记载许多有关中国管理的组织设计、典章制度构建、信息沟通、物流管理及工程建设等方面的经典论著。

从文化的传承性来看,这些具体的管理人物和管理事件,都必然会在其后的管理实践中留下一定的痕迹,构成东方悠久的管理历史中的重要一环。

从内容来看,中国管理也要比西方管理丰富得多。中国管理除了涵盖西方管理学科体系中的国家行政管理、企业管理、教育管理、工业管理、农业管理、科技管理、财政管理、城市管理等内容以外,还包括治家管理、治身管理等关乎人的生命存在质量的内容。

从目标来看,中国管理比西方管理更注重实现人与自然、人与社会、人与人的关系的和谐发展,即人的成长、成熟与生存质量。一般而言,西方管理强调完成的目标通常是企业利润最大化、股东利益最大化等,只是在近几十年才开始意识到:即便组织的目标是最好的,也会在一定程度上损害他人和社会的利益,或者实现目标的方式、方法也可能会违背一定社会人群的行为规范。这种意识的萌芽实际上正是西方管理向东方管理回归的表现之一。

二、东方管理学体系结构的主要内容

1. "为"——三为原理

苏东水认为,东方管理学的精髓是"以人为本,以德为先,人为为人"。它是对中国管理、西方管理以及华商管理等理论与实践融合、提炼、萃取的结果,是东方管理文化的本质特征,是贯穿东方管理学的主线,也是东方管理学派的宗旨。

(1)"以人为本"有两层含义。一是将人视为管理的首要因素,一切管理工作都围绕着如何调动人的积极性、主动性和创造性来展开,这是它的浅表内涵。二是通过给人们提供充分施展才华的空间,不断地运用挑战来锻炼人的智力、体力乃至意志品质,并在此全面发展的基础上，努力实现摆脱自然束缚的自由发展，提高人的生命存在质量。

(2)"以德为先"的"德"是指人的品德、修养。中国管理思想的逻辑起点是"修己"即自我管理，而以"安人"即理想化的社会管理及最终达到世界大同为归宿。"修己以安人"是带有根本性的管理方法。管理者通过自己的道德修养的提高，在无形中影响被管理者的行为，从而达到管理的良好状态，即"安人"的目的。同时，人际关系也通过人的道德伦理来加以调节。

(3)"人为为人"提出的关于管理本质的新概念，是指"每个人首先要注重自身的行为修养，'正人必先正己'，然后从'为人'的角度出发，来从事、控制和调整自身的行为，创造一种良好的人际关系和激励环境，使人们能够持久处于激发状态下工作，主观能动性得到充分发挥"。

2."治"——四治体系

四治体系是苏东水基于古今中外管理实践而提出的管理层次论。苏东水认为，东方管理学的主要内容包括四个方面：治国学、治生学、治家学和治身学。它不仅涵盖了管理实践中的各个层面，而且也符合中国儒家"修身、齐家、治国、平天下"的推演逻辑。

(1)治国就是国家管理，探讨古今中外治国的理念与实践精华。中华民族数千年来经历了无数次的改朝换代和多种外来文化的渗透，积累了丰富而深邃的治国理念、治国法则和治国方法。

(2)治生是经营、谋生计的意思。治生学就是探讨从古至今治生的理念与实践精华。东方管理的治生论，是以"德本财末"道德观和"诚、信、义、仁"伦理思想为哲学核心，并以"积著之理"为中心，依循所发现的客观经济规律，所发展出来的预测、战略计划、市场营销、人事管理和质量管理等方面的方法和技巧。

(3)治家指家庭管理。治家学就是探讨从古至今包括家庭伦理、家业管理和家庭教育等方面的理念与实践精华。

(4)治身即自我管理。治身学就是探讨从古至今个人修身之道、待人之道和成功之道的理念与实践精华。自我管理是个体成功的关键,也是治家、治生、治国的逻辑基础。在中国传统管理思想中,治身是一种体验之学,是一种个人的修养功夫。

3. "行"——五行管理

五行管理是指对管理过程中运行的五种行为即人道行为、人心行为、人缘行为、人谋行为以及人才行为进行管理。"五行管理"是"三为"、"四治"理论在实践环节中的具体表现,并分别与现代西方管理学中的管理哲学、管理心理、管理沟通、战略管理以及人力资源管理相对应。

(1) 人道行为,即管理哲学。所谓"人道"是指人、人的价值、伦理道德、人的认识(包括自然、社会、人生、思维规律)以及历史观点等,包括客体、主体以及主体对客体的认知。

(2) 人心行为,即管理心理。任何管理活动,只要涉及人,就必然与人的心理活动息息相关;任何管理过程最终的实现都必须通过心理认知环节。与财务管理和技术管理不同,心理管理主要以人的动机、个性、人际关系、情绪理念、领导风格、群体行为等为切入点,对组织成员的心理状态及组织的心理氛围进行管理,进而提高员工的工作积极性。

(3) 人缘行为,即管理沟通。所谓"人缘管理"就是因循事物发展的客观规律,合理地发挥人与其他物质资源的综合效率,以有效地实现人与自然、人与社会、人与人关系的和谐统一,达到逐步提高人的生存质量这一目标的过程。

(4) 人谋行为,即战略管理。所谓"人谋"就是人聪明才智的代名词,是智慧的象征。它其实是管理者或智囊团对战略目标进行预测和形势分析,并运用权谋和策略等智慧性技巧来达到预期目标的行为。"人谋行为"包括了计划准备、决策实施和战略管理。

(5) 人才行为,即人力资源管理。所谓人才,指的是人力资源中素质层次相对较高的那一部分人,其具备的三个特征分别是创造性劳动、较大的社会效用和复杂性。东方管理学派认为,人才之所以成为人才,是因为社会行为主体在正确的价值观指导下的能动性的行为达到符合社会行为客体心理价值认知,并起到激发社会行为客体心理与行为的客观效果。这就是东方管理学在这一领域的最新研究成果——"人为价值论"的观点。

4．"和"——三和思想

"和"是东方管理的主旋律。在东方管理"三为"、"四治"和"五行"的创新运用过程中，均存在各种矛盾的和谐问题。"和谐管理"一直是东方管理研究的重要主题。东方管理学所提出的"三和"思想就是"人和、和合、和谐"的理念。

（1）"人和"是基础，"和合"是目的，"和谐"是最终目标。"人和"的概念可以概括为各个要素之间的和谐相处。

（2）"和合"的概念强调了事物不同因素之间的相互冲突以及相互融合。

（3）"和谐"的概念是指事物之间联系的一种存在状态，是对立事物之间在一定条件下，具体、动态、相对、辩证的统一。它体现的是一种均衡、平衡、配合、相生相胜、相辅相成、相反相成、相互合作、共同发展的关系。当前，我国提出构建和谐社会，提炼我国古代传统的和谐管理思想，已成为一个重要课题。

三、东方管理学十五哲学要素的运用

从哲学的角度来看，苏东水将东方管理的要素概括为"道、变、人、威、实、和、器、法、信、筹、谋、术、效、勤、圆"十五个方面。[①]

道，就是治国之道。东方管理主张一切管理工作都要顺"道"。什么是道呢？道就是管理工作中必须遵循的客观规律。所谓"顺道"也就是指管理者应该遵循被管理的人、组织和物的基本属性和运动特征，从而"治大国"才可以如"烹小鲜"般易如反掌，达到"无为而治"的境界。

变，随机应变，就是在把握"道"即客观规律的基础上，随时随

---

① 苏东水：《东方管理文化的探索》，《当代财经》，1996 年第 2 期。

地根据外部环境的变化而相应地采取变通的方法，去解决管理工作中所遇到的具体问题。老子曰："天不变，道也不变。"如果反其意理解就是说，外部环境变化了，事物运行的客观规律也需要变。因此，东方管理的管理模式实质上就是一种应变式的管理。

人，就是以人为本。东方管理强调人际关系的协调，注重关心他人、爱护他人、帮助他人共同成就事业。近些年来，西方管理学者强调"以人为本"。但如前所述，东、西方管理在对于"以人为本"的理解上存在着差异。西方管理中讲"以人为本"，目的是发挥人的积极性和主动性，以便人这种资源能够得到充分的利用；东方管理中讲"以人为本"，最终目的却是要获得人性的解放，改善人的生命质量。

威，就是运用权威。管理者在实践活动中，通常要涉及运用权力来指挥和影响组织成员的过程。其中有些权力是制度所赋予的，而有些权力则是依靠管理者个人的魅力、品格和专长等自发产生的。相对而言，东方管理更主张管理者加强自身的道德素质培养，突出依靠榜样的力量实施言传身教的重要性。

实，就是实事求是。实事，就是客观存在的一切事物；求是，就是探求客观事物的内部联系，即规律性。在《论语》中，孔子强调修身是一切管理的基础。从天子直到普通老百姓，都应该以修养个人的善良品行作为根本。而实事求是的精神和工作作风，是其中很重要的品行之一。孔子认为，管理者不能仅仅凭着自己的主观判断，就妄断下属的善恶或事情的曲直。他告诫说："知之为知之，不知为不知，是知也。"不知道的不能不懂装懂。他提出，观察下属的善恶品行要看那个人每天所做的事情、所使用的东西，考察他过去的所作所为，看他周围居住的环境和他的住所，再看究竟什么样的事情令他欣慰和高兴。这一原则体现在管理活动中，也就是要求凡事要量力而行，用人要扬长避短，办任何事情都应该注意时机和地点的选择，要不偏不倚，既不要过激，也不要不及。

和，就是以和为贵。东方管理中强调"和为贵"，一方面，要求社会中的每一个人加强自身的修养，时时处处从他人的角度为他人的利益着想，并最终从社会的和睦中实现"我为人人，人人为我"的共同协作与发展的状态。尤其是对于管理者来说,"人无笑脸莫开店"的古训更是一条必须始终如一地牢记的管理原则,此所谓"内和"。另一方面,以和为贵还要求实现人类与自然界、人类与社会的方方面面的友好相处,相互爱护和共同进步,此所谓"外和"。内和与外和是相辅相成、互为表里的。

器,就是重器利器。孔子说得好:"工欲善其事,必先利其器。""器",也就是生产工具,对于人类的生产和生活的作用是十分巨大的。管理的成功除了要有正确的思想和理论指导之外,还必须依靠先进发达的工具和设备来辅助人们改进和提高工作效率;农夫不能兼"百工之事",必须和其他的工匠交换自己需要的物品,如果一定要他自己生产才能够享用,这就是要把天下的人都领到贫困的道路上去。荀子和韩非等也肯定生产工具的进步对社会财富的增加具有积极的促进作用。荀子认为"百工忠信而不楛,则器用巧便而财不匮矣"。意思是说,灵巧方便的生产工具可以增加财富的生产。他的学生韩非也认为,"明于权计,审于地形、舟车、机械之利,用力少,致功大,则人多"。实际上就是告诫人们要懂得因事、因时、因地制宜,仔细研究地形、车、船和机械的利用,做到费力小而效果大,这样收入就多。

法,就是依法治国。依法治国可以避免"人治"中的种种随意性和独断性,从而在平等的基础上公正地对待每一个人和每一件事。但是,依法治国并不能因此被片面地理解为韩非子所说的"为治者,不务德而务法"。也就是说,根本否定道德修养在管理中的积极作用,过分地去崇尚严法酷律的威慑力。事实上,东方管理所宣扬的依法治国,是采取德法兼容的方式来实现的。

信,就是取信于民。在东方,人们要求管理者"正人先正己",就是希望管理者能够通过自身修养的提高,在群众中树立良好的个人形象。个人形象的树立和保持的过程,也就是个人信用的建立过程。因此,《孙子兵法》在谈到将帅的素质时,曾经提出了"智、信、仁、勇、严"的"五德"标准,王皙对"信"的解释为:"信者,号令一也,言必信,行必果。"显然,朝令夕改、巧言令色、满腹阴谋诡计的人是无论如何也无法得到下属的信任和爱戴的，也就无法胜任管理的工作。这一点即便是在西方也是一样的，政府官员的丑闻被曝光，当事者也迫于社会舆论道德的压力而去职。

筹，就是运筹帷幄。《孙子兵法》中说："夫未战而庙算胜者，得算多也；未战而庙算不胜者，得算少也。"意思是说，兴兵作战之前，充分估计各种主客观条件不充分，就不容易得胜。因此，在管理过程中，尤其是在涉及竞争决策的情况下，运筹帷幄的好坏常常决定了管理的成败。

谋，就是预谋决策。所谓凡事预则立，不预则废，讲的就是要提前预谋筹划，才能把握局势发展的先机。据史料记载，秦末农民起义时，刘邦率部攻入咸阳，文武百官纷纷去抢金银珠宝，唯有萧何不动声色地将秦朝大量地图和典藏资料收集起来，加以妥善保管和研究。这不仅为刘邦日后击败项羽建立西汉王朝，而且也为西汉王朝一系列大政方针的制定和实施提供了宝贵的情报保障。从某种意义上讲，把萧何誉为"竞争情报"实践的始作俑者，是毫不为过的。另外，战国时范蠡提出的"旱则资舟，水则资车"以及"知斗修备"等原则，也集中体现了东方管理的预谋决策思想。谋，更侧重于预测和把握未来发展的动向；而筹，则反反复复根据当时当地的内外部条件，侧重比较各种备择方案，两者是有区别的。

术，就是巧妙运术，也就是要讲求方式方法。同样的一件工作，采用不同的管理手段和方法，其效果会截然不同。大禹的父亲鲧治水用堵的方法失败了，而大禹用疏导的方法治水却成功了。我们原来在发展农村经济方面推行"一大二公"的超越型理念，结果却严重地挫伤了广大农民的生产积极性，阻碍了农业生产的发展。后来，政府及时地采取了农村家庭联产承包责任制，将土地承包给广大农民，迅速搞活了农村经济，也使我国经济的腾飞有了一个坚实的基础。这些事例充分说明了合理运用管理方法的重要性。

效，就是高效廉洁。所谓廉洁，就是指不贪财货，立身清白。东方管理在强调管理者提高工作效率、合理利用资源的同时，也注重从人的自身道德素质这一根本入手，主张身教重于言教。正如孔子所言:"其身正,不令而行;其身不正,虽令不从"。意思是说,为官执政的人自身清正廉洁,即使不下命令,老百姓也会跟着行动;为官执政的人自身不清正廉洁,即使下命令老百姓也不会服从的。可见,东方管理所主张的"以德为先"正是保障管理者的指挥高效畅通的重要原则。

勤,就是勤俭致富。东方管理不仅要求管理者勤勉为政,而且要求在广大群众中提倡克勤克俭,反对奢侈享乐。也就是要勤俭建国,勤俭持家。"民生在勤,勤则不匮",正反映了东方管理对劳动的要求;而勤俭与节俭又是相互联系的,人们只有通过自己的辛勤劳动,才能真正懂得节俭的道理。在东方管理界看来,不论是修身、治家,还是平天下,勤俭节约都应该成为一种必需的品质或要求。

圆,就是圆满合理。这要求管理活动的结果一定要符合广大人民群众的需要,兼顾各方面的利益。能在兼顾其他人的利益的情况下,仍然达到管理的目的,才是东方管理所强调的管理的最佳境界。

第二节 中国管理学

一、道家的无为学说

道家的经典著作就是《老子》,又称《道德经》,是我国道家学派和道教最著名的一部经典。我们可以从社会、文化、政治、经济等诸多方面获得《道德经》所蕴涵的思想的指导和启迪。

1. 最高的管理形态

"无为而治"、"不争而争",这些都是道家的管理方略。道就是矛盾的统一,道的管理就是运用规律来正确认识和解决矛盾。道家的处世智慧就体现在对人世间一系列利害转化关系的洞察,在这种转化中去取得最大的效率和利益。道作为治理天下的大本,在此之下具体解决人与自然、人与人之间的矛盾,强调以"我无为而反自化,我好静而民自正,我无事而民自富,我无欲而民自朴"为原则,主张"无为而治",从而理乱求治,建立人与自然、人与社会和谐的秩序,达到三者合一的管理最高境界。

2. 最深刻的人本管理思想

道家管理学说归根到底是对人的生命的关怀,它揭示了生命的存在、如何存在生命的意义,天地万物与人的关系以及怎样协调和合等基本问题,以求得人本身的完善。道家以人为根本出发点,勇敢地向人外之物宣战,将人与天地平等看待,以"天人合一"、"天、地、人一体"的思想,开辟了真正的理性人的发展道路。道家在高度概括人本思想的基础上,同时具体地指出了生活在现实世界和理想境界的人的价值取向。

(1) 自爱精神。人只有靠自我爱护,"自爱,而不自贵"。自爱而不尊贵自我,不自私地去损害别人,那么,整个社会便能实现至爱。国家如能爱民、爱人,就可以不治而治,使民不争、民不盗、民不乱,达到"圣人之治"。人人自爱便能泽人人。

(2) 自然精神。在人的生与死这一过程中,道家指出了人—地—天—道—自然,这样一个理性的途径,顺其自然,达到精神逍遥、与道合一的自然境界。遵循自然规律,认识做人的道理,超越生死,珍惜生命,才能真正实现人对自由的向往和追求。

(3) 自理精神。人与自然、社会存在着普遍联系而且有其内在规律,那么,人应当具有自理精神。老子好喻水,"上善若水,水善利万物而不争",水居下而利万物,宽容而柔弱,任何东西水皆能包容,水又可以被任何容器改变自己的形状,既能容人,又能适人,这就是道家的阴柔品格。不与万物争斗而给其带来利益,虽然柔弱又非软弱可欺,"柔弱胜刚强",内含无穷无尽、不可预测的内在力量。

(4) 自强精神。"道之为物,唯恍唯惚",玄远状态是博大的基础,虚怀若谷,容纳一切,一视同仁,博大正是自强精神的体现。自强便能以柔克刚、以弱胜强、强中更强。宇宙之间,"道大,天大,地大,人亦大。国中有四大,而人居一焉",在此四大中,人是最重要的，天、地无人，谁知其为大；道之所以大，是以人大而存在。这样，人的地位、价值、意义在与道、天、地的比较中得以彰显。

二、儒家的仁爱学说

1. 孔子的仁爱论

孔子仁者爱人的主张主要体现在以下三个方面：

（1）人事管理方面。儒家主张以礼待人、讲求信用和尊重别人，促进人际关系的协调，主张上级对下属应宽厚谦和，而下属则应忠于职守。"仁"是孔子思想的核心，"仁"是人们相处、相知、相爱之道。之所谓"仁者，爱人"，"仁"在《论语》中共出现过109次，其概念非常宽泛。"仁"的基本精神是"爱人"、"忠恕"、"己欲立而立人，己欲达而达人"、"己所不欲，勿施于人"。孔子认为，为达到"修身、齐家、治国、平天下"的目的，要以个人的爱为出发点，最终形成人类的爱。

（2）治身思想方面。孔子教导人们要做到恭、宽、信、敏、惠，即庄矜、宽厚、信义、勤敏、慈惠，这五条加起来即是"仁"。孔子认为人格的修养要有三个重点："知者不惑，仁者不忧，勇者不惧。"就是说真正有智慧的人，什么事情一到手上，就清楚了，不会迷惑；真正有仁心的人，不会受环境的动摇，没有忧烦；真正大勇的人，没有什么可怕的，但真正的仁和勇，都与大智慧并存。孔子的仁学奠定了儒家以民为本的人本思想和仁政学说的理论基础。

（3）治国思想方面。孔子提出"道之以政，齐之以刑，民免而无耻；道之以德，齐之以礼，有耻且格"。孔子所处的春秋末期，诸侯争霸，战争频繁，社会秩序动乱不安。在当时存在着两种对立的治国主张：其一，"为政以德"；其二，"为政以刑"。为了促使统治者更好地管理国家，他提出了"为政以德"的管理思想。孔子主张"为政以德"，其提出的管理方针是"道之以德，齐之以礼"，即用道德教化来引导百姓，用礼制来统一百姓的行为。可以使百姓服从管理，自觉遵守法律和规章制度；可以使百姓有羞耻心，自觉从善，走上正道，因而达到国泰民安的目的。而"为政以刑"的治国主张，只能使百姓为了免于犯罪而不去做坏事，却没有羞耻之心。孔子正是从这一认识出发，提出以"仁"为核心的德治思想。

2. 孟子的性善论

孟子主张"性善论"，其包含三层意思：

（1）人的素质可以为善。这里的人的素质，指的是区别于动物的道德属性。人和禽兽的区别只有一点点，而"仁义"就是人区别于禽兽的属性。在孟子看来，仁义属性是人人具有的。无论是庶民丢弃它，还是君子保存它，人毕竟是人，而不是禽兽，他那一点点的道德本性，只需通过适当引导，就可以表现出来。因此，人的天生素质是可以为善的。

（2）"仁义礼智"人所固有。在孟子看来，"四心"即"四端"——恻隐之心，仁之端也；羞恶之心，义之端也；辞让之心，礼之端也；是非之心，智之端也。"仁"来源于人的恻隐之心，"义"来自于人的羞恶之心，"礼"来自于人的恭敬之心，"智"来自于人的是非之心。而"仁义礼智"乃是道德上的善，所以，人的本性是善的。

（3）求则得之，舍则失之。既然人性本善，为什么有人为善，而有人作恶呢？这完全取决于人们对于其善之本性的取舍。孟子认为，人的本性就是善良的，即一经探求，便会得到；一经放松，便会失去。孟子的性善论认为，性善属于先天的，而恶是起于后天的，善是内在的因素，恶是外部因素。因此，孟子主张尊重人们的道德修炼。

3. 荀子的性恶论

荀子的思想偏向经验以及人事方面，是从社会脉络方面出发，重视社会秩序，反对神秘主义的思想，重视人为的努力。孔子中心思想为"仁"，孟子中心思想为"义"，荀子继两人之后提出"礼"，重视社会上人们行为的规范。荀子认为，人与生俱来就想满足欲望，若欲望得不到满足便会发生争执，因此主张人性本恶，须用由圣王及礼法的教化，来"化性起伪"使人格提高。"人之性恶明矣，其善伪也"。在荀子看来，既然人的本性是恶的，国家的统治者就要运用必要的礼制规范百姓以适当地引导，使之向善、从善，这样就有可能治理好国家。人性本恶是荀子人性论的中心命题，荀子的性恶论是针对孟子的"性善论"的，他批评孟子的性善论说是"不及知人之性不察乎性伪之分"。

荀子的逻辑是，乱和穷的根源在于人们无穷无尽地追求欲望的自私自利的本性，所以人性是恶。这个恶字并不是凶恶、恶毒的意思，而是指引起战争、动乱、贫穷的人们而有之的欲望。在荀子看来，人的欲望是天生的，是不学而会，不教而能的，人人都是一样的。但是，荀子把轻税或厚敛当做关系到国家存亡的至关重要的财政政策，同时他还提出了"上下俱富"（"下贫则上贫，下富则上富"）的思想。

三、佛家的慈善学说

佛教对善的内涵规定是"顺益"。其意指符合佛教义理，符合宇宙真实，符合人的本性，有益于世，利乐众生，就是善。佛教所说的善，还指平常在行坐语默出入往还之间，凡是起一念行一事，都要于自于他有利而无害，有益而无损，这是佛教一切道德的基础。佛经中常说：凡做一切事业，都要自利利他。这自利利他表现于行事上，就是道德的行为。此义非常广泛与普遍，无处不适用。所作所为，都以自他两利为前提。故此，佛教中与人为善就是要做到：

（1）要尊重他人。因为人人都有佛性，都有成佛的可能，对他人的尊重也就是对佛的尊重。"若轻一切人，吾我不断，即自无功德。"所以，人不可目无他人。而要"谦下以自恃，虚心以受善，不敢以贡高为也"。即在人际交往中不能产生自负高傲之心，要谦下、虚心，克服骄傲自大之心，吸纳他人的善德。此外，尊重他人还要"常行于敬，自修身是功，自修心是德"。

（2）要忍让他人。佛教特别注重忍辱。"天地大，以能含成其大；江海深，以善纳成其深；圣人尊，以纳污含垢成其尊，是以圣人愈容愈大，愈下愈尊。"而佛教又进一步吸收了儒、道两家谦恭、宽厚、和谐、不争等传统道德内容。有容乃大，也是中国传统文化的基本观念。忍让是对他人的宽容，这反映了一个人的博大胸襟。面对人际关系中的矛盾与冲突，特别是面对他人加诸于己的一切烦恼，始终保持心怀坦荡。这样就能缓解人际关系的矛盾与紧张。但是忍让并非一味退让，不能搞无原则的一团和气，而应与恶行败德进行坚决斗争。"其无争也，可辱而不可轻；其无怨也，可同而不可损"。

(3) 要不说人非。人应该经常反省自己的行为，查找自己的不足，改正自己的过错。遇到事情应当多检点自己，而不是对他人求全责备。《维摩诘经》中就有："常省己过不讼彼短。"《法句经》中也有："不好责彼，多自损身。"如果能做到这一点，就能修持成功。"逐日但将检点他人的功夫，常自检点，道业无有不办。"六祖大师云："常见自己过。即此一于，便是成佛作祖的要诀。"不说人非，自然能减少矛盾争执，使人际关系融洽。

(4) 奉献社会。佛教认为一切应以众生利益为前提，把个人的力量献给大众的利益，而达到自他两利，应有尊卑长幼、有次序的社会人生。要有诚信，使社会能精诚团结，向上发达，才能达到完美的人生。一切众生都做到人生道德最高尚美妙完善的菩萨行为，方是最完善、最美好的人生。

四、孙武及兵家的用人学说

《孙子兵法》的用人学说主要体现在以下三个方面：

1. 以人为本的选才标准

《孙子兵法·计篇》提出了选才的五条标准："将者，智、信、仁、勇、严也。"

智，即智谋才能。《十一家注孙子·王晳》解释说："智者，先见而不惑，能谋虑，通权变也"。自古以来，胜人一筹的智谋是一个领导者应首先具备的素质。企业领导者要领导好现代企业，必须具备高度的智慧和战略谋划能力。此外，由于现代企业面对众多的竞争对手，企业领导者还应具备精于预测判断的能力。

信，即信用、信誉、威信。"信者，使人不惑于刑赏也。"信是管理者立足之本，只有讲究信誉、信守诺言以及赏罚有信，管理者才能拥有权威，才能使管理决策得到有效执行。英国管理学家罗杰·福尔克说："世界上最容易损害一个经理威信的，莫过于被人发现其在进行欺骗。"因此，诚实、谦恭应成为当代企业管理者自我修养的重要组成部分。

仁，即与人为善，关心下属。"视卒如婴儿，故可与之赴深溪；视卒如爱子，故可与之俱死。"对企业管理者而言，"仁"主要体现在以下两个方面：一是企业管理者要关心下属的疾苦和需求，视员工为企业最宝贵的资源，让员工工作在一个充满相互关心、爱护、帮助的工作环境中；二是要尊重员工的价值，对企业实行民主管理，并充分运用群众的集体智慧来丰富决策思想，使员工与组织同呼吸、共命运，最终使企业具有更强的凝聚力和更充沛的活力。

勇，即勇敢、果敢。"勇者，决胜乘势，不逡巡也。"说的就是制定决策要果断，执行决策要勇敢、不退缩，面对困难要有超人的意志力，勇于拼搏，敢于创新。面对日益激烈的市场竞争环境，现代企业的发展要求管理者具备开拓精神，勇于探索，勇于创新，敢于冒险，同时又要勇于承担责任。面对变幻莫测的市场竞争，管理者要果敢决断，抓住瞬息万变的市场机遇。

严，即严格。现代企业是一个复杂、科学的系统，要使这个系统保持快速、高效、有序、协调地运转，企业管理者就必须善于运用科学严密的管理手段。离开严格的管理，企业将陷于混乱无序之中，效益也自然不复存在。松下幸之助说过："身为一个企业管理者，最重要的是能做到宽严并济。如果一味宽大为怀，人们就会松懈而不求上进；但如果一味严格，部下就会退缩，不敢以自主的态度面对工作。所以宽严并济非常重要"。只有这样，管理者才能在日常经营过程中严格管理，保证企业规章制度的顺利执行。

2. 以人为本的用人策略

兵家在用人过程中，非常重视"适"、"恩"、"威"、"恕"、"严"等几个方面策略。

适。就是给优秀人才以充分的信赖和适宜的工作环境，通过相应的激励机制，使其个人目标与组织目标相结合。避免设置各种障碍、束缚，让人才陷入进退维谷的境地。

恩。对人才在精神上和物质上给予特别优厚的待遇，使其知恩图报，把个人的目标融合到组织的目标中去。这就需要组织创造良好的企业文化、公平的竞争机制、以人为本的管理理念，领导者要有为群体或个人做出牺牲的奉献精神。

威。威是恩的对立面，恰当地运用个人的威望和手中的权力，对有作为却桀骜不驯的人才进行压制、强迫，使其为我所用。

恕。就是要宽以待人。在一定条件下，对犯有某些错误的人员，不予追究，并加以宽恕，从而赢得人心。

严。《孙子兵法·计篇》中把"法令孰行"作为比较敌我双方力量强弱的"七计"之一。严是一个组织具有强大战斗力的保证。对那些公然藐视法纪、抗拒权威而胡作非为者进行严肃处理，从而起到震慑他人、令行禁止的作用。

3. 人力资源的柔性化管理

《孙子兵法》提出："故善战者，求之于势"。阐述企业如何动态地提升自己的竞争平台，取得更大的竞争势能，已成为企业谋求生存与发展的重要任务。现代企业人力资源的柔性化管理，正是顺应了"择人任势"的需要，成为未来管理理论发展的方向，是适应现代企业管理对象特征变化的必然选择。企业进行柔性化管理必须做到以下三个要点：

（1）建立新型的企业人际关系。首先，要建立有利于人际沟通的企业制度。企业应该通过健全民主管理制度、合理化建议制度、人事商谈制度等，广泛吸收员工参与企业管理。其次，提倡管理者与员工之间的双向沟通。一个企业组织只有形成了有效的信息沟通渠道和传递方式，员工在工作中才能很好地理解上级的意图，在相互交流中提高认识，更好地协调行动。最后，要优化人才群体结构，减少工作积极性发挥的阻力。

（2）善于运用形象管理。成功的管理者必然是有效的管理者。这种管理的有效性，除了运用岗位赋予的权力进行经济驱动和制度规范之外，就是运用岗位之外的非权力影响，即靠自身较完美的形象，在被管理者心目中产生一种魅力，从而使被管理者在信任与鼓舞中努力工作，这就是"形象管理"。因此，现代企业管理者应充分认识到形象管理的重要性，全面提高自己的管理素质，运用好形象管理的影响力，以提高管理的有效性。

(3) 培育独具特色的企业文化。在激烈的现代企业竞争中，一个企业只有在长期运作中形成了独具特色且为全体员工普遍认同、遵守和奉行的共有价值观念、经营理念、行为准则、道德规范等核心的企业文化，才能使企业具有强大的凝聚力和向心力。这种企业文化环境，有利于从根本上调动全体员工为企业奉献的积极性和主动性，增强企业员工的归属感，使员工心情舒畅地为企业工作。

第三节 西方管理

本节主要介绍西方管理具有代表性的一些理论。西方管理理论依据它们不同的研究对象、不同的研究假设、不同的研究方法与不同的研究成果可以概括为四个发展阶段：古典管理理论、行为科学理论、现代管理理论、管理理论的新发展。

一、古典管理理论

古典管理理论的贡献，如果以泰罗的科学管理原理来代表的话，其主要内容包括：

(1) 用科学即系统化的知识来代替凭经验的方法。
(2) 在集体活动中取得协调一致以代替不一致。
(3) 实现人们的彼此合作以代替混乱的个人主义。
(4) 以最大的产出量而劳动，而不是限制产出量。
(5) 尽最大的可能培养工人，从而使他们自己和他们的公司都取得最大的成就。

古典管理理论在研究对象方面的局限性表现在仅注重对工作与组织的研究而忽略了对人与生产及营运过程的研究。由于管理要素中最重要、最关键的是人，因而，管理理论研究中往往涉及对人的性质或类型的假设。古典管理理论对人的假设是"经济人"，认为人只追求物质利益，而忽略了人的社会属性，即"社会人"的特点。古典管理理论在研究方法方面的局限性主要表现在只运用了观察、实验等研究方法，而尚未使用心理学、社会学等科学原理与方法。

二、行为科学理论

1. 行为科学理论的贡献

行为科学理论的贡献包括对人际关系理论的贡献、对个体行为理论的贡献、对团体行为理论的贡献和对组织行为理论的贡献四大方面。

对人际关系理论的主要贡献是：

（1）人不仅是经济人，而且是社会人。

（2）要通过提高职工的满足度来鼓舞职工的士气。

（3）要正确对待非正式组织，发挥其正面的作用。

对个体行为理论的主要贡献是：

（1）要正确了解组织成员的真实需要。

（2）要掌握调动组织成员积极性的各种需求因素，如马斯洛的需求层次因素、赫茨伯格的保健因素和激励因素，亚当斯的公平因素与波特、劳勒的综合因素等。

（3）对不同的人要采用不同的管理方式，如要依据麦格雷戈提出的 X 理论与 Y 理论，对不同的人采用不同的管理方式。

对团体行为理论的主要贡献是：

（1）在管理实践中要正确地发挥团体压力与从众行为的作用。

（2）在管理实践中要注意提高团体的士气。

（3）在管理实践中要正确利用建设性冲突，尽量避免和防止破坏性冲突的发生。

对组织行为理论的重要贡献是：

(1) 领导者要实施有效领导必须不断提高自身素质。

(2) 领导者不仅要关心工作，更要关心人。

(3) 组织的变革与发展要适应环境变化的需要。

2. 行为科学理论的局限性

行为科学理论在研究对象方面仅局限于关注对人与组织管理的研究、对管理的研究、对生产及运营过程管理的研究。行为科学理论在对人的假设方面的局限性在于，强调了"社会人"、"自我实现人"、"复杂人"的概念，却忽略了"经济人"这一假设的合理部分。行为科学理论在研究方法方面的局限性在于，虽然运用了心理实验方法，但尚未能运用信息论、控制论与系统论等原理及方法。研究成果也局限在如何对人与组织的管理上。

三、现代管理理论

1. 管理过程学派

管理过程学派的主要代表人物是美国管理学家哈罗德·孔茨、亚历山大·丘奇以及威廉·纽曼等人。

(1) 管理过程学派的主要贡献。

1) 综合性。它既综合研究了前人和同代各管理学派的理论，又广泛运用和采纳了各个学派的理论观点，形成了以阐述管理职能为主线的综合性的管理理论。

2) 实用性。它不仅有较强的综合性和理论性，而且有较强的实用性和操作性。这是因为，管理的各项职能实际上也就是管理者应做好的各项业务。因此，科学地提出发挥各项职能的原理、原则和方法步骤，也就是使管理者明确了在管理中应当做什么，怎样做。这就是管理过程理论的实用性。

(2) 管理过程学派的局限性。管理过程学派的局限性主要表现在，它在管理理论的研究与发展方面缺乏原创性，它主要是把已有的管理理论方面的各项研究成果纳入各大管理职能的框架内。

2. 社会系统学派

社会系统理论是西方管理理论中较早出现的一种管理理论，它起源于 20 世纪 30 年代，其创始人是切斯特·巴纳德。

(1) 社会系统理论的主要贡献。

1) 把组织中人们的相互关系看成是一种协作系统。

2) 提出非正式组织虽然可能对正式组织产生某种不利影响，但它也可以对正式组织起某些积极作用，这个观点比行为科学把非正式组织看作是正式组织的对立面前进了一步。

3) 社会系统理论用"效率"和"效力"这两条原则把组织中的个人目标和组织目标连接起来。巴纳德是这样解释这两条原则的：当正式组织运行正常而取得成功时，它的目标就能够实现。这时，这个正式组织是有效力的。反之，如果这个组织运行不正常而没有实现目标，它就是没有效力的。而组织的效率则不同，它是指组织成员个人目标的实现程度。如果组织成员的个人目标得到满足，他们就将积极参加组织，为组织作出贡献。他们就会认为这个组织是有效率的，反之，他们就不会支持这个组织，甚至会退出这个组织。所以，归根到底，一个组织的效率尺度就是它生存的能力，也就是它继续为其成员提供使他们的个人需要得到满足的诱导，也就是使集体目标得以实现的能力。如果一个组织是无效率的，它就不可能是有效力的，因而也就不可能存在。这样，巴纳德就把正式组织的目标与职工个人的目标连接起来了。

4) 社会系统理论把正式组织的基本要素规定为协作的意愿、共同的目标和信息联系是具有重要意义的。尤其是把信息联系作为组织的基本要素加以研究，这是以前的组织理论所没有做到的。

5) 社会系统理论认为，组织的共同目标必须用各部门的具体目标来予以阐明。它把权力和责任授予各个部门，使各个部门相互联系协调而共同为组织目标的实现作出贡献的观点，对后来的目标管理理论的形成帮助很大。

6) 社会系统理论有关组织要生存和发展必须搞好组织的对内平衡与对外平衡的思想是具有重要的借鉴意义的。当前任何组织的发展都必须搞好对内平衡和对外平衡,如果两者失衡,将会影响组织的生存和发展。

7) 组织中人的行为可以看成是由决策和作业两个部分组成的。古典管理理论着重研究其作业部分,阐明最大限度地提高作业效率的各种原理和技术,而社会系统理论则着重研究组织的决策过程。这种对组织决策过程的研究为以后西蒙等人的决策理论研究提供了依据。

(2) 社会系统理论的局限性。

1) 组织成员对于诱因的评价带有主观色彩和随意性,尚缺乏客观的衡量尺度,在涉及非经济诱因,如参与、荣誉、威信的评价时尤为突出。

2) 没有充分地研究分析组织可能产生的冲突,包括组织与组织之间的冲突,以及解决这些冲突的措施。

3. 系统管理学派

系统管理理论是 20 世纪 60 年代以后盛行于西方的一种管理理论,这一理论的创始人是美国的弗里蒙特·卡斯特和詹姆士·罗森茨韦克。

(1) 系统管理理论的主要贡献。

1) 系统管理理论所阐明的系统观点,为建立全面的企业组织提供了重要的指导思想。

2) 系统管理理论不仅把企业看作是更大的社会系统中的一个子系统,而且把企业看作是由许多子系统有机结合的一个整体。系统管理理论所追求的不是单个系统的高效率,而是整个系统的高效率。

3) 系统管理理论把企业看作是与其周围环境相互关联的开放系统,这种描述比传统的管理理论把企业看作是一个孤立的封闭系统的观点更贴近现实。

4) 系统管理理论所阐述的系统的分析方法、原则和步骤,为企业通过科学决策取得最优方案提供了前提和依据。

5) 管理的系统模式,对于企业组织的设计来说,一目了然地摆明了各部门之间的分工与关系,具有重要的借鉴意义。

(2) 系统管理理论的局限性。

1) 对于企业厂长来说，它比较抽象，难以付诸实施。

2) 对于从事分析研究的管理学者来说，它的可变因素太多，不便于进行研究。

4. 经验主义学派

经验主义理论是第二次世界大战以后形成的管理理论。它以向西方企业的经理提供管理企业的成功经验和科学方法为目标。这一理论主张，管理不应是理性的推理分析，而必须从企业管理的实践出发，以企业管理的实践为主要研究对象，在企业管理成败的各种实例中概括出理论性的原理与方法。该理论所用的研究方法是以案例分析法为主，故称经验主义理论。

(1) 经验主义理论的主要贡献。经验主义理论强调理论的实用性，它在研究方法上的明显特点就是，以企业经验作为研究对象，从活生生的现实中提炼出许多发人深省的原理，有助于管理者应付当代变化着的管理实践。

(2) 经验主义理论的局限性。经验主义理论的主要局限性是：从案例分析得出的经验，只具有借鉴启发意义，很少具有指导意义。因为历史是不能重复的。从这个意义上说，比尔·盖茨的一段话是富有启发意义的："成功往往不是一个很好的老师，它会把你引向失败。"因为当历史发展出现转折点时，过去的过时经验不仅会变得毫无价值，而且会变得十分有害。

5. 权变理论学派

权变理论是西方在 20 世纪 60 年代末 70 年代初形成的一种管理理论。最早运用权变思想研究问题的学者是英国的伯恩斯和斯托克等人。后来，美国的保罗·劳伦斯和杰伊·洛希对权变思想继续进行研究，被西方学者称为现代权变理论的创始人。

(1) 权变理论的主要贡献。它把组织看成是一个开放系统，而不是封闭系统。权变理论认为，作为开放系统的组织，其管理活动中不存在普遍适用的、最合理的模式和原则，不存在一种一劳永逸的最好的管理方法，管理效果完全取决于组织与其环境之间的适应性。管理的主要任务就在于寻找这种最佳适应性。如针对不同的环境条件采用相应的组织结构和领导方式。权变理论使人们摆脱了封闭式系统和对极其复杂的组织的极其简单的认识，同时使管理理论的研究与管理活动的实践更加密切地联系起来。

(2) 权变理论的局限性。权变理论的局限性或运用时要注意的问题是：还需要加强对各种适应典型环境的理论、方法的研究与学习，只有这样做才能针对具体环境，在深厚理论基础上提出更好的、更适用的理论与方法。

6. 管理科学学派

管理科学学派，又称管理数量学派，是西方现代管理理论中一个重要的理论学派。"管理科学"（Management Science）一词在美国与"作业研究"（Operation Research）一词通用，在我国则习惯地称为运筹学。因此，西方管理科学学派中的所谓管理科学并不是指有关管理的学科或学科体系，而是指用科学的方法，特别是用定量分析的方法来解决管理问题。它与作业研究、运筹学是同义词。管理科学理论正式形成于第二次世界大战之后，但是它与泰罗的科学管理及更早的巴贝奇等人所提出的管理理论和管理方法有着密切的渊源关系。例如，科学管理要求找出一种"最好的方法"以提高劳动生产率，而管理科学则要求决策方案的"最优化"。

(1) 管理科学理论的主要贡献。它充分吸收和利用现代自然科学和社会科学知识，特别是数学、系统科学、控制科学、计算机科学的知识，为管理提供了许多行之有效的定量分析方法和现代管理手段，这就为社会化大生产条件下的管理定量化、科学化、现代化开辟了道路。

(2) 管理科学理论的局限性。管理科学理论的局限性主要表现在：管理科学理论对于管理的认识是片面的。如从管理方法上说，它不能仅仅运用数学方法，还要综合运用其他各种方法，如经济方法、法律方法、心理方法等，而这些方法是不可能完全由数学方法来代替的。

四、管理理论的新发展

1. 企业文化理论的发展

企业文化热是 20 世纪 80 年代以后西方管理理论发展的一个重要特点。从国际竞争角度观察，西方管理学家在对日本的比较研究中，认为管理的差异主要在于文化。为了更好地吸收国外管理经验，提高本国管理水平，不断在国际竞争中取胜，必然要重视对企业文化的研究。20 世纪 80 年代，在西方管理理论研究中，关于企业文化的论著很多，主要包括以下几个方面的内容：

（1）关于企业文化的内涵、外延及构成要素的论述。认为企业文化主要是由企业的最高目标或宗旨、共同价值观、作风与传统习惯、行为规范与规章制度等构成的。它是一种以价值观为核心的对全体职工进行企业意识教育的微观文化体系。

（2）关于企业文化形成与发展的论述。企业文化是随着企业的建立和发展，通过全体职工的集体实践而形成的。影响企业文化形成的因素主要有企业任务、外部环境、民族习惯、历史传统等。

（3）关于企业文化建设重要性的论述。企业文化的研究者和提倡者普遍认为，企业文化是现代企业的生存与发展、成功与失败的关键。

2. 非理性主义思潮

20 世纪 80 年代，美国的一些管理学家，特别是《追求卓越》一书的作者彼得斯等人，在研究了日、美两国的企业管理状况之后，分析批判了过去管理理论的缺陷，认为过去的管理模式已不适应时代的要求，必须进行一场"管理革命"，使管理"回到基点"，即以人为核心，做好那些人人皆知的工作，从而"发掘出一种新的以活生生的人为重点的带有感情色彩的管理模式"。彼得斯等人的这些观点，代表了当代西方管理理论发展中的一种非理性主义思潮。

非理性主义倾向的鼓吹者在批评传统管理理论的同时，提倡对管理实务进行研究。他们在研究中，不求理论体系完整、逻辑推理严谨，而是采用较松散的体系，运用大量实例阐述自己对管理的见解，其中许多"经验之谈"，直接出自企业经理之口。例如，名噪全球的《追求卓越》一书，其副标题就是"美国杰出企业的成功经验"。书中重点分析了美国43家企业的经验，并把这些经验归纳为八条作为全书的基本框架。

进入20世纪90年代以后，信息产业、高科技产业在经济发展中占有越来越重要的地位，经济一体化、全球化的趋势越来越明显，知识经济初见端倪。在这种情况下，西方管理理论围绕知识经济的管理与知识资本问题提出了一些新的观点。

3. 学习型组织

这是彼得·圣吉在1990年出版的《第五项修炼》一书中提出的观点。该书提出："未来唯一持久的优势是有能力比你的竞争对手学习得更快，未来真正出色的企业，将是能够设法使各阶层人员全心投入，并有能力不断学习的学习型组织。"

该书提出，在学习型组织中要进行五项修炼。这五项修炼是：

(1) 自我超越。即能够不断实现人们内心深处最想实现的愿望，不断创造和超越，这是一种真正的终身学习。

(2) 改善心智模式。即不断适应内外变化，改变自己的思维定势以及由这种思维定势决定的思想、心理、行为方式。

(3) 建立共同愿景。使组织具有全体成员共有的价值观、目标和使命，设法让共同愿景把大家凝聚在一起。

(4) 团体学习。即从"深度会谈"开始，在群体中通过思想的自由交流，分享集体智慧，不仅取得整体的出色成果，也使个别成员得到更快的成长。

(5) 系统思考。即树立系统观念，善于运用完整的知识体系和工具。从整体上认识、分析和解决问题，能有效地把握事物的变化，不断开创新局面。

4. 知识型企业

1998年，美国著名经济学家达尔·尼夫主编并出版了《知识经济》一书。该书对知识经济及知识经济管理进行了比较全面的阐述。

其中一个重要观点，就是提出："下一波经济增长将来自知识型企业。"作者首先解释知识型企业将生产"知识型"或"智能型"产品。所谓智能型产品，主要表现在它们能够过滤和表达信息，让使用者更有效地作出反应。"它们是互动的，越使用它们越具有智能，可按顾客要求制作。"作者认为，以顾客提供信息为基础的企业将胜于那些没有这么做的企业，知道如何把信息转变成知识的企业将会是最成功的企业。作者提出，所谓知识型企业，一般具备以下六个特征：

(1) 你越使用知识型产品和服务，它们越具有智能。
(2) 你越使用知识型产品和服务，你就越聪明。
(3) 知识型产品和服务可随环境变化而作出调整。
(4) 知识型企业可按顾客要求提供产品和服务。
(5) 知识型产品和服务具有相对较短的生命周期。
(6) 知识型企业能对顾客需求适时采取行动。

作者还指出，灵活性、适应性、反应能力和快速革新能力，它们正日益被看作是知识经济中最佳的组织结构的要素。

5. 知识管理理论

1996年，以发达国家为主要成员国的经济合作与发展组织（OECD），在题名为《科学技术和产业发展》的报告中正式使用"知识经济"（Knowledge Based Economy，以知识为基础的经济）这一概念。它被定义为："建立在知识和信息生产、分配和使用之上的经济。"知识经济是与农业经济、工业经济相对应的一个范畴。它实际上是一种以知识为基础的经济增长方式。在知识经济时代，知识是企业最重要的资源，企业最有价值的资产已不再是物质资本，而是知识资本。因此，知识管理或知识经济管理理论主要是说明如何对知识资本进行管理。

依据知识资本的理论，企业应在下列四个方面加强对知识资本的管理。

(1) 促进企业人力资本的创新活动。这种创新转化为知识资产后，即成为企业的财产，而在得到法律保护后则成为知识产权。
(2) 结构性的经营资本与创新活动结合，促成创新成果的商品化，使其迅速走向市场。

（3）提高企业利用与增殖其各种知识产权的能力。

（4）努力在员工、顾客忠诚和包含在企业文化、制度和流程中的集体知识方面发现和培育知识资本。

企业对知识资本的管理应在人力资本、结构性资本和顾客资本这三个环节上体现出来，应注重创造性思维的培养与利用。在信息时代应重视企业的沟通网络、组织网络的建设，营造适当的环境来保证企业具有创造性。另外，人力资源的价值实现必须有结构性资本和顾客资本的支持与匹配。

第四节 华商管理学

华商管理是中国传统管理文化与西方管理文化以及华商足迹的所在国管理文化相融合的成功典范。本节将从华商的含义、华商的经营与创新等方面进行阐述。

一、华商的含义

从广义上看，华商是指具有中华民族血缘与文缘关系，兼具西方管理特色的商业群体。狭义的"华商"是指与"华侨"和"华人"密切相关的一个概念。所谓"华侨"，是指中国在海外定居谋生并保持中国国籍的侨民的总称；所谓"华人"（Ethnic Chinese），又称外籍华人或华族，是指已取得外国国籍的原华侨及其后裔。

"华商"是一个历史范畴，在不同的历史时期具有不同的含义，并且有一个不断变化和演进的过程。最初，华商是指从事海外贸易的中国商人，其后，演变为华侨商人或工商企业家。第二次世界大战后，"华商"的含义进一步演变为华人工商企业家，这一用法一直延续至今。

华商虽然处于不同的国家和地区,但他们在成长过程中都具有相似的经历和文化环境,具有以下六个特征:

(1) 华商大多数是中国内地沿海地区的移民及其后裔,移民特征和少数族裔特性深刻地影响着社会经济各层面,包括企业经营管理。移民海外的华人华侨在多数国家或地区成为少数民族。

(2) 华商具有中华文化传统的价值观,尤其是受岭南和闽南区域文化的影响。岭南和闽南区域文化是历史上中原文化南迁的产物,受游牧民族文化与北方民族大融合的影响较小,传统色彩更浓;同时,与内地大陆文化相比,岭南和闽南区域文化又具有较大的海洋性特征。

(3) 华裔受西方文化和居住所在地文化的影响较大。华商比较集中的中国港澳台与东南亚地区,多数经历了相当长的殖民地或半殖民地的历史,如菲律宾、印度尼西亚、新加坡等曾经先后沦为殖民地,马来西亚曾经沦为半殖民地,东西方文化交融是这些地区突出的文化景观,包括企业及其经营管理方法的交融。

(4) 华商所具有的传统文化在现代化进程中率先得到扬弃。中国港澳台与东南亚地区都在 20 世纪中期以后相继开始经济起飞,现代化进程中传统因素在调适与变动,传统文化中适应现代化进程的部分得到保留和发扬,不适应现代化进程的部分得到调整或扬弃,从而带来包括企业经营管理方法在内的多方面的深刻变化。

(5) 华商的文化价值观具有代际差异。华人移民到海外,在文化价值观方面要受居留地文化的影响,并随着时间的推移而逐步增加,这就使华商的文化价值观具有代际差异。就以移民为载体的中华文化在海外的发展趋势而言,我们可明显看到两次蜕变:第一次蜕变是从侨民文化到华人文化。在东南亚,这一过程已基本完成,在发达国家华人群体中,这一过程正在进行。侨民文化的价值取向是"落叶归根",华人文化的价值取向是"落叶生根",其文化成长的营养更多取自当地而非故土。第二次蜕变是从华人(族群)文化融入或融合于当地(民族)文化。在东南亚,这一过程正在进行。由于血缘、文化具有相对稳定性,因而,这一过程将持续相当长的时间。

(6) 华商的文化价值观具有区域差异。华人移民的分布很广泛，具有"有阳光的地方就有华人"的说法。分布在不同地区的华人，受居留地文化的影响是不同的。由于世界各地华人群体规模实力、内聚力、社会地位各不相同，其外部发展条件也大相径庭，因而华人文化的成长、变异程度也不一致。①

二、华商文化渊源

1. 中国传统文化

生活在海外的华商，不论是第一代，还是第二代、第三代，都或多或少地受到中国文化的影响。他们表现出一些与其他族裔商人不同的、带有浓厚中国文化色彩的特征，主要包括：

(1) 以"仁"为本。"仁"是孔子思想的核心内容之一。儒家在其学说中，向人们提出著名的"仁、义、礼、智、信"，并将这"五常"作为社会人际关系的道德规范。秉承中国优良文化传统的海外华商，都能把"仁"字奉为自己人生处世的信条，以"仁"待人，以"仁"处世。

(2) 以"和"为贵。"和"即调和、和谐与协调。例如，马来西亚"种植大王"李莱生经常光着膀子，汗流浃背地和工人一起干活，并进行倾心交谈，拉近了劳资间的距离。这样一来，企业的下情能够及时上达，上下沟通的管道畅通无阻，问题一出现就能及时地得到解决，矛盾产生后也能很快得到化解，从而避免因问题的积压和矛盾的激化，最终导致劳资对立和冲突的难堪局面。

(3) 以"俭"为美。"俭"，即"节约"、"节省"。例如，"船王"包玉刚在企业管理中，就特别重视控制成本和费用开支。他的原则是"应省则省"。所以，他一直要下属的船长们精打细算，不让他们多耗费公司一分钱。为此，他亲自和技术人员及船长一起，共同研究如何降低燃料油消耗，怎样减少人员的费用。

---

① 林善浪、张禹东、伍华佳：《华商管理学》，复旦大学出版社，2006年7月。

(4) 以"信"为上。儒家学说的"五常"中,"信"字也被恭列进去,这说明我们这个民族是很重视信誉的。在华商企业中人际信誉甚至能够取代法律强制的作用。例如,在华商所处东南亚各地,法律体系尚不健全,市场规范尚未发育,而华商在这种环境下已习以为常,他们在资金运用、企业管理、风险回避等方面已自成一套手段,行之有效。遇到商业纠纷,除非万不得已,一般是不会对簿公堂的,因为那样不仅会耗时费力,而且将使商业秘密、交易运作统统公之于众。他们常常"私了",由华人社团与侨领出面斡旋仲裁,息事宁人,以免在关系圈有失面子。他们强调人情而轻于合同,注重情感而疏于法制,因而在华商企业中人际信誉能够取代法律强制的作用。

2. 所在国文化

华商在继承中华传统文化的同时,还逐渐融入所在国的文化。有的华商为了避免与当地居民的文化冲突,加入了当地的国籍和选择了当地的宗教。如在印度尼西亚、马来西亚、菲律宾,不少华人就加入了伊斯兰教或天主教。所在国文化对华商管理影响的一个重要结果是使华商管理更具兼容性、适应性。而事实也证明,在经济上取得显著成就的,正是那些适应所在国文化、主动融入所在国主流文化的华商。

三、华商的经营和创新

华商初期创业身处异国他乡,由于缺乏资本、信息、技术以及成熟的管理经验,因而华商企业大多实行家族制的经营管理模式来降低创业成本,通过彼此非契约性(以亲缘为纽带)的凝聚力和创造力,从家族作坊和店铺起步,逐步发展形成企业组织形态,并通过以"五缘"为纽带的社会网络和商业网络来扩大经营规模,形成了一个独具特色的网络系统——华商网络。

1. 家族制企业

(1) 家族制企业的界定。"家族制企业"本身是由"家族"(社会组织)和"企业"(经济组织)合二为一的,但它并不是一个在法律意义上可以界定的社会组织，也不是一个仅仅从经济学和管理学角度就可以界定清楚的企业组织，学者们对家族企业的定义并没有一致的看法。我们认为，家族制企业是指家族成员拥有全部或大部分企业所有权的企业，是其所有者之间具有血缘和亲缘关系且拥有相当部分企业产权并能适当控制其经营权或能够对经营权实施有效影响的企业。

中国人历来都十分重视家族血缘关系。绝大多数杰出的华商企业家对企业内部的家族般的人际关系予以极大的重视，并在管理实践中培养出一种使企业成员把企业看得如同家族一样的伦理规范。海外华商企业，大部分都是一些家族型企业，带有浓厚的家族血缘色彩。这种由家族成员共同创办起来的家族企业的管理核心——董事会和总经理，必然都要由本家族的成员共同组成。而且，家族的主要成员往往身兼两职，既是董事又是经理。华商在企业的人事安排上，也是以与家族血缘和地缘关系的亲疏远近为准绳，来进行选择和取舍的。

（2）家族制企业的缺陷。华商家族企业犹如一个大家庭，纵向井然，横向融合有序，人人都生活在这张关系网中，克勤克俭，严于自律。在家族主义的影响下，家长权威颇高。在家长权威的笼罩下，企业的经营者容易表现出专权与教诲相结合的家长式领导作风。家族制作为一种管理模式，是特定经济环境和特定时代的产物，它在企业创业阶段，优点表现得特别明显，但是，随着企业规模的扩大，家族制管理的方式显露出了较多的弊端。

1）缺乏民主管理机制，独裁决策，以人治代替法治。由于在这种家族制企业中，都有一个由创始人家庭或个人构成的核心，存在所有权和经营权不分的特点，因而企业的产销和经营管理由企业主及与企业主有亲属关系的"自己人"控制。在企业由小到大的艰苦创业过程中，逐渐养成了创始人说一不二的独断专权作风，其拥有至高无上的决策权威，其权力具有独占性和片面性，不容旁人否认，创业者靠这种权威来号召、感染、指挥组织员工工作。因此，尽管目前华商已拥有成千上万家企业，但人们很少能像记住可口可乐、东芝、索尼、IBM那样记住几家华商企业，反倒对企业的拥有者李嘉诚、林绍良、王永庆等耳熟能详。企业虽为家庭所有，但它毕竟不是一个单纯的家庭组织，而是一个社会经济组织，要衡量组织的行为就必须要有一个客观的公正标准，这样才能使组织的秩序得以规范。独裁的决策纵然能随机应变，但它难以避免因其决策的非科学性而带来的巨大损失。

2）公司利益与家族利益相冲突。过度的家族制视企业为家族的一部分，往往倾向于将企业当做家族的附属品。而家族是个狭隘的团体观念，一旦家族成员的价值判断与效忠的对象成为其家族利益而不是整个公司，即两者之间发生矛盾，产生冲突时，个人常常以自己和家族的利益为最高的考虑。遇到企业危机时首先考虑的往往是家族的利益，而不是企业的存亡。由于家族成员位居要职，这也为他们损害公司利益满足私利开了绿灯。甚至当家族某些业务经营不利时，他们携巨款而逃，以保全个人和家庭的利益。所以，家族制管理导致的"企业家族化"现象成为了华人企业的最大缺点。

3）滥用亲情，排斥人才，压抑个性，阻碍创新。往往在家族企业中，既不管家族成员的能力如何，也不管他们对经营企业是否感兴趣，家族成员都位居要职，掌管着企业各部门的权力，这不仅使非家族优秀人才很难进入公司管理层，而且往往导致企业走下坡路，甚至破产。如美国华人企业家王安一直对其亲手创办的王安公司保持着控制权，1985年他将公司的主要控制权转给儿子王列。但王列并没有王安的声望与能力，与公司的高层管理人员不和。在王安死后不久，王安公司不断走下坡路，不得不于1992年8月向政府申请破产。

2. 华商网络化经营

华商网络是指"海外华商在非政治的、形态不拘的联系中，凭借'五缘'文化纽带，基于经济利益而形成的泛商业网"。它是以海外华人商人群体为特定主体，以家族、族群、地区、行业、社团等为基础，以"五缘"为重要纽带，以共同利益关系，主要是共同经济利益关系为核心，以泛商业性为特征的网络系统。"五缘"包括亲缘、地缘、文缘、商缘、神缘。所谓亲缘，就是宗族亲戚关系；所谓地缘，就是邻里乡党关系；所谓文缘，就是文化关系，通过它可组合起有共同文化渊源、有切磋与交流的需要和愿望的人群；所谓商缘，就是因物品（如土、特、名、优产品等）的交易而发生的关系；所谓神缘，就是共奉之神祇宗教关系。

华商网络是由华商的社会网络和华商的商业网络构成的，而华商的社会网络和商业网络又分别有不同的构成内容。所谓华商的社会网络是指华商的社会性关系网络系统，它是以中华民族文化认同为纽带的人际关系网络。从构成内容上看，包括个人性、家族亲族性、地域性、方言性、族群性等关系网络。从功能上看，可分为政治性、经济性、文化性等关系网络。所谓华商的商业网络是指华商企业之间的经济关系网络系统，它是以共同的经济利益为核心的商业贸易金融网络。从组织形式看，华商的商业网络包括华商企业之间、企业内部之间、企业与行业工会之间、行业工会之间的关系网络，等等。从企业经营过程看，华商的商业网络包括华商企业的生产网络、营销网络、资金网络、信息网络、技术网络和人力资源网络，等等。正是这些纵横交错的商业网络帮助海外华商及时引进技术，直接参与上游产品销售，拓展营销渠道，迅速融通资金，有效避开政策限制，分散风险，沟通信息，建立资源共享的信息网络。比如，新加坡中华总商会1995年推出了"世界华商电脑网络"，通过国际网络将成千上万的华商资料信息，有计划地传递给世界各地用户，可以瞬息间把世界各地的华商联系起来。

20世纪后半期，华商网络得到很大发展。自20世纪五六十年代以来，传统的华商网络仍然延续，并突出地域性、帮派性、行业性而得到发展。七八十年代以后，华商国际化经营加强，东南亚各国华商企业大举展开跨国经营，欧美等地华人数量日增，经济力量开始壮大，中国本土的改革开放也吸引着华商资本前来寻求合作。地域性、行业性的华商网络随之走向国际化，这是华商网络进一步发展的最突出成果。华人社团走向国际联合，形成世界性的同乡、同宗联谊会，种类繁多。各国华人社团进一步走向整合，至20世纪90年代初大体完成。

华商网络的功能是一个有着多层次、多方位的系统，对于华商企业的发展壮大，对于华商所在国经济、区域经济和世界经济的发展，对于华商政治意识的整合，对于海外华人族群之间的互动、沟通，以及对于华人传统文化认同感的强化等都有着重要意义。

3. 华商企业的治理机制

中国传统文化所形成的独特的家族文化对海外华商产生了重要的影响,随着工业化浪潮的兴起,随着经济全球化的加速和西方文化影响的加深,华商的家族观念和家族伦理发生了较大的变化。自20世纪80年代以来,华商企业的治理机制正在不断变革中,越来越多的华商企业采取了公司制和股份制形式,实行人才机制社会化,引进家族外的人才来管理企业,使企业向现代公司制度方向发展。

(1) 华商企业的制度变革。从历史上看,企业一般经历"家族公司—家族控股—外部股份分散化公司—法人持股公司"四个阶段。从家族公司到法人持股公司这样的企业制度变革是一个历史的必然趋势。现在,海外华人企业制度大多已进入第二个阶段,即家族控股阶段。今后,海外华商企业特别需要在两个方面进行制度变革:一是实行资本大众化,采用股份有限公司的组织形式,这不仅可以突破传统家族经营方式下企业资金来源渠道狭窄的障碍,而且可为企业的经营和发展积累大量的资金;二是追求经营管理现代化,吸收并保持第一流非家族人才参与经营管理,而家族成员在企业中担任高级职务的,只有称职的和胜任的人才能继续留用。只有走这种制度化道路,才能促进家族式企业快速、健康和可持续发展。

(2) 用人机制的管理变革。华商企业在用人机制方面更多地注重关系、能力和信任度,并以此来分配企业中的重要岗位,这种情况不利于企业的创新和发展。现代企业发展不仅受到技术专业化和管理专业化的挑战,而且将受到市场变化的影响,仅仅依靠家族成员的知识结构、能力水平也很难保证企业的持续发展。因而,海外华商企业用人机制转移已成为一种历史的必然,即由家族式管理转化为专业化管理,由任人唯亲转向唯才是举,由创业人及其子孙的独裁式管理转化为组织管理和科学管理,有效构建现代企业组织流程体系,形成人才激励、约束、竞争与发展机制,形成"能进能出、能上能下、能升能降"的高绩效文化氛围,最终完成所有权和经营权的分离,实现企业内的公司治理。

4. 代际传承

华商家族企业的代际传承问题主要体现在以下三个方面：

首先是传承的规划。一个企业的持续发展必须具备企业的战略规划，而家族企业传承规划则是战略规划的基础。在传承规划中家产的分配方式又是最重要的一点，因为华商家族企业一般都沿用传统的"家产均分制"，企业作为一种家产每个儿子都有份，所以对于企业传承者必须要明确传承的规划，这对于企业的发展至关重要。

其次是继承人的选拔和培养。现今对继承人的选拔，有两种方式：一种是赛马式，其意是利用管理发展过程，从许多候选人中选择适当的人选；另一种是培养式，在选定心目中的人选后加以培养训练。最成功的传承系统应着重在权力及知识经验的转移，特别要注重继承人的权威塑造和文化认同。

最后是传承的方式和时机。从家族企业历史发展看，代际的权力传承主要有三种方式：第一，垂帘听政；第二，撒手不管；第三，扶上马走一程。相比较而言，第三种方式是较为成功的，因为继任者可以在父辈的帮助下，逐步建立威信和吸取经验，更有利于企业的经营管理和发展。所以家族企业不仅要传承权力，更重要的是要能够传承企业主的企业家能力、企业文化资本和社会网络资本，以此让继承者建立企业的威信，达到顺利交接的目的。在继承企业的时机方面，最好选择企业稳定的时期和创业企业家精力旺盛时期，因为新老交替要有一定的融合期，在平稳时期进行交接有利于规避风险。那么，企业在什么时间考虑传承和接班人的问题？应当提前十年。在我国几乎所有成功企业的基本特点，就是对优秀的企业家的个人素质和创业能力的强烈依赖，而不是依靠某种体制结构和所特有的优越性。而这一企业家才能的不可替代性将成为企业换代之后继任者成长的严重桎梏。要给接班人锻炼机会，创业者该隐退就隐退，让企业的潜在的接班人尽可能早地参与到企业的经营管理之中，通过实践和竞争使继任者的身份明朗化，逐步凝聚成企业外环境和企业内成员认同的新权威。一个企业，如果出现"临终遗言"式的"床前交班"，那么这个企业今后的成长将是危险的。

第三章 中国企业的形成与发展

第一节 国有企业的发展历程

国有企业（以下简称"国企"）是企业的一种特定的组织形式或制度。其主要内涵是：企业所经营的资产归国家所有，企业经营的成果完全由国家占有、使用和支配。从历史上看，国企由来已久，到现代社会，国企才在许多国家得到长足发展。第二次世界大战后，几乎世界上所有的国家（特别是发达国家）都相继组建了数量可观的国企，其中，以社会主义国家为最，并视之为立国之本。时隔不久，由于先天和后世的种种原因，导致国企经营效率低下，严重亏损，债台高筑，难以为继，接着又几乎在所有经济发达的国家无不采取种种措施，改变或改造国企的这种不景气状态，其中，通过拍卖将国企改变成民企最为普遍。例如，英国和日本，将铁路、公路、航空、军工等许多大企业卖给私人。在 20 世纪 60~70 年代，私有化形成一股浪潮。

新中国成立之初，我国国民经济基础非常薄弱，经济结构严重畸形，国家集中力量建立完整的工业体系，着重发展重工业，成为特定历史环境下的必然选择。除了没收、接管旧政府和官僚买办资本的工商企业、外国资本在华企业，对民族资本实施"利用、限制、改造、赎买"之外，国家还集中人力、物力，直接投资兴建了大量国有工业企业，并使其迅速肩负起国家工业化的历史重任，这些国企在恢复生产和振兴国民经济中发挥了力挽狂澜的作用，功不可没。但时隔不久，也毫不例外地遇到了经营不善和严重亏损的问题，且越发严重，导致国民经济停滞甚至倒退。形势迫使我们不得不进行改革。

1978年12月党的十一届三中全会召开，我国开始走上了一条渐进式改革之路，资源配置方式逐渐从计划经济向市场经济转变；我国的国有企业从此历经了放权让利、拨改贷、利改税、企业经营承包责任制、建立现代企业制度等改革过程。①

一、中国国有企业的改革历程

第一阶段，以扩权让利为重点，实行企业利润留成制度，调整国家与企业的利益分配关系（1978~1984年）。

通过计划配置全社会的资源，可以在最短的时间内利用有限的资源，集中建立起较为完整的工业体系。在建立国有工业体系的过程中，高度集中的计划经济体制功不可没。但是，如果计划作为资源配置的唯一方式，则不可避免地会出现信号失真、资源配置效率低下等问题。针对国家对企业统得过多过死、企业没有自主经营权所带来的问题，放权让利成为国企改革的第一步棋。1978年10月，四川省选择重庆钢铁公司、成都无缝钢管厂、宁江机械厂、四川化工厂等6家国营工业企业实行"扩大企业自主权"的试点，在完成计划指标的情况下，允许企业提留少量利润，给职工发放少量奖金。这次试点拉开了国企改革的序幕，到1980年此类试点企业达到6600家。与此同时，国家陆续出台了一些放权让利的政策。1979年7月，国务院发布了《关于扩大国营企业经营管理自主权的若干规定》，允许企业根据不同行业特点和具体情况实行不同的利润留成比例，以建立生产发展基金、集体福利基金和职工奖励基金。1984年5月，我国颁布了《关于进一步扩大国营工业企业自主权的暂行规定》，明确扩大企业在生产、销售、劳动人事、分配等方面的自主权，允许企业在计划外进

---

① 袁正、郑勇：《国企改革30年回顾》，《宏观经济管理》，2008年第12期。

行生产和销售。

为了调动国有企业的积极性,1979年8月28日,国务院颁布了《基本建设贷款试行条例》,试行将基本建设拨款改为银行贷款;同时,中国人民建设银行成立,推行"拨改贷"试点。到1985年2月,所有国有单位的基本建设和更新改造投资全部改为银行贷款。在扩大企业自主经营权以及实行"拨改贷"之后,企业获得了一定程度的独立经济利益,企业管理者和职工的积极性提高了,更加关注市场需求变化,盈利状况也有了显著的改善。但是,另外一种倾向也显现出来,即扩张投资的冲动和多占企业利润的问题。由于国家和企业的信息不对称,企业不断扩大提留的利润份额,并转化成职工工资、奖金的分配。这种情况使得国家的财政受损,并容易导致物价指数上涨。

为了建立国家和企业合理的利润分配关系,财政部于1980年8月26日向中央财经领导小组汇报税制改革方案,提出将国营企业上缴利润改为上缴税收,税后利润归企业独立安排,即通常所说的"利改税"。从1980年开始,全国400多个工业企业进行了"利改税"试点。1983年4月,国务院正式发布并实施《关于国营企业利改税试行办法》。"拨改贷"和"利改税"的推行,使国有企业逐步走上自主经营、自负盈亏的道路,强化了企业的自我约束机制,刺激企业提高经营效率。

第二阶段,以承包经营责任制为重点,实行企业所有权与经营权适当分离,确立企业的市场主体地位(1984~1992年)。

1984年10月,党的十二届三中全会通过的《关于经济体制改革的决定》指出:"增强企业活力,特别是增强全民所有制的大、中型企业的活力,是以城市为重点的整个经济体制改革的中心环节。"《决定》提出了政企分开和所有权与经营权分离的改革原则。改革的出发点是,企业有权选择灵活多样的经营方式,有权安排企业产供销活动,有权拥有和支配自留资金,有权依照规定自行任免、聘用和选举企业的工作人员,有权自行决定用工办法和工资奖励方式,有权在国家允许的范围内确定企业的产品价格。改革的落脚点是,政府不再经营企业,使企业实现自主经营、自负盈亏,具有自我积累、自我改造、自我发展能力，成为市场主体和法人实体。

1987年8月31日，国家经委、国家体改委发出《关于深化企业改革完善承包经营责任制的意见》，提出坚持"包死基数、确保上交、超收多留、欠收自补"的原则，提出合理确定承包要素，招标选聘经营者，投资主体逐渐转向企业，控制工资奖金过快增长等要求。为了完善承包经营责任制，依法保障企业承包经营责任制规范运行，国务院于1988年2月27日颁布了《全民所有制工业企业承包经营责任制暂行条例》，对承包经营责任制的内容和形式、承包合同、承包经营合同双方的权利和义务等做出了规定。企业承包经营责任制的内涵是：包上交国家利润，包完成技术改造任务，实行工资总额与经济效益挂钩。在此基础上，不同企业根据实际情况，确定其他承包内容。

为了推动、规范中小企业租赁经营，国务院于1988年6月5日发布了《全民所有制小型企业租赁经营暂行条例》，主要规定了出租方与承租方的权利和义务、收益分配及债权债务处理、承租收入等内容。1988年4月13日，七届全国人大一次会议通过的《全民所有制工业企业法》确立了国有企业的法律地位，明确规定企业实行厂长（经理）负责制；中国共产党在企业中的基层组织，对党和国家方针、政策在本企业的贯彻执行实行保证监督；企业通过职工代表大会和其他形式，实行民主管理。1992年7月23日，国务院发布了《全民所有制工业企业转换经营机制条例》，根据《企业法》的精神对企业经营自主权做出具体规定。国有企业普遍实行了承包经营责任制，扩大企业经营自主权，调动了企业和职工的积极性。但企业包盈不包亏的问题，助长了企业重生产、轻投资、拼设备等短期行为。

第三阶段，以建立现代企业制度为重点，实行规范的公司制改革，转化企业经营机制，探索公有制的多种有效实现形式（1993～2004年）。

1993年11月11日，党的十四届三中全会审议并通过了《中共中央关于建立社会主义市场经济体制若干问题的决定》（以下简称《决定》），确立了市场经济体制改革的基本方向。《决定》指出："必须坚持以公有制为主体、多种经济成分共同发展的方针，进一步转换国有企业经营机制,建立适应市场经济要求,产权清晰、权责明确、政企分开、管理科学的现代企业制度。""建立现代企业制度,是发展社会化大生产和市场经济的必然要求,是我国国有企业改革的方向。"

国有企业的公司制改造随即展开。党的十四届三中全会指出:"国有企业实行公司制,是建立现代企业制度的有益探索。规范的公司能够有效实现出资者所有权与企业法人财产权的分离,有利于政企分开、转换经营机制,企业摆脱对行政机关的依赖,国家解除对企业承担的无限责任;也有利于筹集资金、分散风险。"然而,在全面推进市场化改革的过程中,大量国有企业出现亏损甚至破产。以前的生产只需面向市长,现在要面向市场,以前亏损时能找市长,现在只能找市场了。在转换经营机制的过程中,国有企业的经营形势非常严峻,这种亏损局面大约从1993年开始,到1998年达到高峰,同时也导致银行出现了大量坏账。

1997年9月,党的十五大提出在关系国民经济命脉的重要行业和关键领域,国有经济必须占支配地位,其他领域社会主义公有制的实现形式可以多样化的重要论断。同时强调,把国有企业改革同改组、改造、加强管理结合起来,着眼于搞好整个国有经济,抓好大的,放活小的,对国有企业实施战略性改组。鼓励采取改组、联合、兼并、租赁、承包经营和股份合作制、出售等形式,加快放开搞活国有小型企业的步伐。

为全面推进国有企业改革进程,改变国有企业亏损严重的状况,党的十五届一中全会明确提出,"用三年左右的时间,通过改革、改组、改造和加强管理,使大多数国有大中型亏损企业摆脱困境,力争到本世纪末使大多数国有大中型骨干企业初步建立起现代企业制度"(以下简称"三年两大目标")。1999年9月,党的十五届四中全会通过的《中共中央关于国有企业改革和发展若干重大问题的决定》,重申要努力实现"三年两大目标"。在企业发展战略上,党的十三届四中全会强调,国有经济在国民经济中的主导作用主要体现在控制力上,要有进有退、有所为有所不为,除极少数必须由国家垄断经营的行业外,其他领域要鼓励多元投资主体的进入,实现股权多元化将有助于强化产权约束。

为了提高国有资产的经营效率,党的十六大进一步提出,要深化国有资产管理体制改革,明确"权利、义务和责任相统一,管资产和管人、管事相结合"的原则,实行政企分开、政资分开、所有权与经营权分开,俗称"三分开、三统一、三结合"的国有资产管理体制。2003年4月6日,国务院国有资产监督管理委员会正式挂牌,开始履行国资监管"保值增值"之职。到2004年6月,全国31个省(区、市)和新疆生产建设兵团国资委全部组建。

第四阶段,深化对国家控股的股份公司特别是上市公司内部的改革,尤其关注的是国家控股的上市公司内部产权分置制度的改革(2005年至今)。①

中国股市自1990年起步至2005年以前,长期处于低迷状态,不死不活。在此期间,虽然出现过几度"牛市",但都为时较短,总的状况是"熊市"。其主要原因是作为股市主体的国有上市公司"转轨不转制"和股市本身在组织管理上存在着种种弊端,主要包括:上市公司的主要功能错位;股本权设置不合理,国有股不上市;国家控股公司组建过多;公司内"一股独大";证监会的功能定位有误;仍奉行计划经济的人事任免制度,科学的公司治理结构无法形成;广泛地用配股代替按股分红等。所有这些问题都有待深化改革来解决。

当务之急是对股权分置制度的改革。从2005年起,股权分置制度的改革开始起步,以股权分置改革方案出台为标志,中国股票市场进入了一个全新的发展阶段。中国证监会2005年6月16日在公布《关于上市公司控股股东在股权分置改革后增持社会公众股份有关问题的通知》中,明确上市公司控股股东在股东大会通过股权分置改革方案后,可通过二级市场把不上市的国有股变为上市的流通股。

传统的上市公司股权结构是分置的:国有股,包括国有的法人股,法人股也大都是国有的——是非流通股,不能上市,只有非国有股即社会公众股才能上市,属于流通股,这实质上在股市上形成了两

---

① 于吉:《国企改革回顾与展望》,《企业管理》2008年第9期。

个市场、两个价格。股权分置改革，就是把原先由股权分置切割的两个市场（一级和二级）、两个价格（一低一高），变成一个相对完整的市场体系和价格体系。股票上市后呈现全流通状态，真正实现了同股、同价、同交易。

随着股权分置改革的推进，也适度放宽中小板企业的上市标准，准许创新型企业能够通过上市实现快速发展。成熟的资本市场，除接纳大型蓝筹公司上市之外，也要扶植新兴企业成长，促进国家产业结构优化和企业竞争力的提升。当然，也应准许资本的自由退出。资本市场有退有进，进退自如，给投资者的资产组合以更多的选择机会，促使资本市场有效运作。股权分置改革消除了股市和股价的"双轨制"，重塑了二级市场的游戏规则，反过来则将为一级市场提供优质的制度环境，必将全面推进资本市场的发展。

随着股权分置改革的推进和深入，股市逐步振兴起来，主要表现是股价一反常态，有了生气，逐渐活跃起来，并呈现出上扬趋势，再加上其他因素的影响，股市一度成脱缰之马，在较短的时间内，暴涨到惊人的程度，并形成一定的泡沫。随后又急剧下跌，短短几个月，又跌到似乎难以收拾的程度。这种现象，对缺乏资本市场熏陶的中国股民来讲，是很难适应的。本来，股市有涨有落，有大涨必有大落，应当说是常态，但在中国，难以为人们所接受。

应当说，影响股市涨落的，除制度和供求原因以外，还有其他一些因素，诸如国际的和国内的、经济的和政治的、自然的和社会的、历史的和现实的、文化的和心理的，等等。所以在国企改革这一阶段上的股市涨落，如果不是特殊原因（如金融危机或战争）所引起的暴涨暴落，应当说是属于正常的情况。

二、国有企业改革的成效

国有企业体制的变革激发了企业的活力，使其逐步成为自主经营、自负盈亏的法人实体和市场竞争的主体，成为国民经济的重要骨干力量。

1. 公司制逐步成为国有企业的主要实现形式

改革初期，国有企业基本上是依据《企业法》调整的国有独资企业。《公司法》发布后，随着现代企业制度建设的推进，国有企业股份制改革取得很大进展。

(1) 公司制成为公有制企业的主要实现形式。2008年，在工商行政管理部门登记的公司制企业已达120多万家。全国大部分国有企业已经改制为多元股东持股的公司制企业。中央企业及下属子企业的公司制股份制企业户数比重已由2002年的30.4%提高到2006年的64.2%。2003年以来共有33家中央企业在境外公开发行股票并上市。截至2006年底，中央企业控股境内上市公司194家，股本总额、市价总值和流通市值，分别占全部境内上市公司的22%、26%和27%；中央企业控股香港上市公司57家，流通股总股本和流通市值分别占全香港上市公司的26%和18%。随着国有企业改制上市进程的加快，国有企业核心资产及业务向所控股上市公司集中的趋势日渐明显。据初步统计，2008年中央企业合计控股261家境内外上市公司，总资产合计为5.3万亿元，占全部中央企业净资产总额的59.5%；实现利润总额为6479亿元，占全部中央企业的86%。这表明公司制企业已成为我国各类企业中的一种主要组织形式，国有控股上市公司在国有经济中占据越来越重要的地位。

(2) 实行公司制的企业大都建立健全了法人治理结构。公司制企业明确了股东会、董事会、监事会和经理层的职责。股东会决定董事会和监事会成员，董事会选择经营管理者，经营管理者行使用人权，形成各负其责、协调运转、有效制衡的治理结构和权力机构、决策机构、监督机构和经营管理者之间的制衡机制。国有独资公司不设股东会，由国有资产监管机构行使股东会职权。从2004年开始，国资委先后在上海宝钢、神华集团等19户中央企业进行董事会试点，建立健全外部董事制度，授予董事会部分出资人的权利。

2. 国有经济布局和结构调整取得重大进展

国有经济坚持"有进有退、有所为有所不为"的方针，解决了国有企业只能生不能死、只进不退的问题。

(1) 国有中小企业进一步放开搞活。国有中小企业通过改组、联合、兼并、租赁、承包经营和股份合作、出售等多种形式，焕发了生机和活力，进一步放开搞活。目前，国有中小企业改制总体上达到80%以上，许多国有中小企业已经改制完毕。

(2) 国有大中型企业围绕主业做强做大。2003～2008年共有95家（次）中央企业参与了47次重组，中央企业户数已由196家调整为150家。一批科研院所进入产业集团，实现了产研结合，提高了企业的技术创新能力。一些优势企业强强联合，形成了具有较强综合竞争力的大型企业集团。一些"窗口"公司并入大型骨干企业，增强了企业海外市场的开拓能力和竞争能力。一些产业链相关的企业合并重组，促进了中央企业业务链整合，发挥了协同互补效应。

(3) 国有大中型企业中涌现了一批并购重组的典型。国家开发投资公司对中国包装公司及下属企业的托管重组改制，都取得了积极进展。宝钢重组新疆八一钢铁、武钢重组云南昆钢、中国建材联合重组部分地方水泥企业，扩大了企业规模，优化了资源配置。中铝公司收购云南铜业部分股权，实现强强联合，增强了竞争优势。中央企业积极实施"走出去"战略，鞍钢收购澳大利亚金达必公司，中铝公司收购秘鲁铜业和开发澳大利亚奥鲁昆铝土矿项目，中冶集团收购阿富汗铜矿，中国五矿与俄罗斯北方钢厂签署战略合作框架协议，南航、国航先后加入天合联盟和星空联盟，中央企业配置全球资源、拓展海外市场步伐加快，国际化经营水平进一步提高。

(4) 国有大中型企业主辅分离辅业改制取得积极进展，2007年企业上报方案并得到批复，涉及改制单位5043个，分流安置富余人员81.4万人。分离办社会职能工作稳步推进，并移交中央企业办中小学、公检法机构2021个，移交在职职工9万多人，退休教师近5万人，每年减轻企业负担48.7亿元。通过精干主业、剥离辅业、压缩管理层级、缩短管理链条，大部分中央企业将管理层级初步压缩到三级以内，实现了企业组织结构优化和内部资源的有效配置。

(5) 国有大中型困难企业政策性关闭破产稳步推进。一些困难企业通过重组，实现了扭亏脱困，焕发了新的生机。一批长期亏损、扭亏无望、资不抵债和资源枯竭的国有企业,通过政策性关闭破产退出市场。

(6) 国有经济布局分散的状况得到一定程度的改善。随着国有经济布局结构调整的推进,国有经济更多地向关系国民经济命脉的重要行业和关键领域集中,向大公司、大企业集团集中。1998年,全国国有工商企业共有23.8万户,到2006年底全国国有工商企业户数减少至11.9万户,正好减少了一半。1997年全国国有工商企业实现利润800亿元,而2006年全国国有工商企业实现利润达12000亿元,增长了14倍。全国国有工商企业2006年比2003年减少3.1万户,每年平均减少7.4%;但户均资产达到2.6亿元,比2003年增长92.6%,每年平均增长24.4%。国有资本向能源、原材料、交通、重大装备制造和冶金等行业集中的态势明显。2006年基础行业国有企业占用的国有资本为3.3万亿元,占全部国有企业占用国有资本总量的70.6%,比2003年提高5.1个百分点。目前,中央企业82.8%的资产集中在石油石化、电力、国防、通信、运输、矿业、冶金、机械行业。中央企业提供了几乎全部的原油、天然气、乙烯等石油化工重要产品,提供了全部的基础电信和电力供应服务,民航、铁路、水运运输周转量占全国的90%以上,发电量占全国的43%。国有经济的迅速发展壮大,进一步证明国有经济是国民经济的基础,是国家的脊梁。

3. 国有企业劳动、人事、分配制度发生了重大变化

国有企业积极推进内部劳动、人事、分配制度改革,调动企业职工的积极性,激发了企业活力。

(1) 在劳动制度方面,普遍实行了全员劳动合同制。许多国有企业实行了职工竞聘上岗,有些职工下岗,有些职工位置发生了变化;竞聘上岗的职工与企业签订了新的劳动合同,身份变成了市场化的社会人,待遇实现了市场化,福利实现了市场化。

(2) 在人事制度方面,实行企业领导人员聘任制度。国有企业已取消了企业领导人员和管理人员的行政级别,开始实行企业经营管理人员竞聘上岗。近年来,中央企业先后分七批进行了公开招聘高级经

营管理者的试点工作，共有100家（次）中央企业的103个高级管理职位面向国内外公开招聘，为中央企业引进了一批优秀的经营管理人才，初步建立了中央企业人才储备库，促进了人力资源的全球化配置，营造了人才脱颖而出的环境。目前，中央企业通过市场化方式选用的各级经营管理人才约占总数的30%。一批企业建立了比较完善有效的面向社会公开招聘和全体员工竞争上岗、量化考核、薪酬与业绩挂钩的机制。

（3）在分配制度方面，基本上建立了与市场经济相适应的激励机制与约束机制。为了解决国有企业负责人激励不足、薪酬与业绩贡献不匹配的问题，国有企业普遍实行了年度薪金制。在遏制少数企业负责人过高收入的同时，多数收入偏低的企业负责人薪酬随着效益的提高有了较大的增长，重点行业和企业的负责人薪酬增幅较大，薪酬结构和水平趋于合理，激励机制不断增强。股权激励作为中长期激励措施，已经从境外上市公司发展到境内上市公司，许多中央企业控股的上市公司正在积极创造条件实施股权激励。国有企业根据经济效益和当地社会平均工资水平决定管理人员和职工的分配方式和分配水平，实行以岗位工资为主的工资制度，对有贡献的专业技术人员、营销人员给予相应的报酬，一些企业还探索了工资集体协商制度。企业通过突出岗位绩效的分配制度改革，初步建立了以岗定级、体现差异，以级定薪、拉开差距，以级定奖、突出贡献为核心的人力资源管理机制，收入分配的市场化程度逐步提高，国有企业的"大锅饭"体制正在逐步改变，国有企业经营管理人员能上能下、职工能进能出、收入能增能减的新机制正在逐步形成。

4. 国有企业经济效益持续增长

（1）国有企业经济效益和运行质量显著提高，从2002年到2007年国有企业销售收入、利润、上缴税金都有大幅度的提高。如2002年国有企业销售收入为8.53万亿元，而2007年达到18万亿元，增长了9.47万亿元，年均增长率为16.1%；2002年国有企业的利润为1.62万亿元，2007年则为2.86万亿元，增长了1.24万亿元，年均增长率为38.7%；2002年国有企业上缴税金为0.68万亿元，2007

年达到 1.57 万亿元，年均增长 18.2%。

（2）国有企业竞争实力明显增强。国有企业围绕行业发展和市场需求，积极推进自主创新，进一步加大科技研发投入，开发了一批具有国际、国内领先水平的新技术、新产品。2005～2007 年，中央企业获国家科技进步一等奖 19 项，二等奖 154 项，分别占该奖项的 47.5% 和 27.1%。2006 年和 2007 年国家科技进步特等奖全部由中央企业获得。中国石化、兵器装备集团、中国石油每年申请专利总数均超过 1000 项。我国自主研制的"歼十"战斗机突破了一系列航空关键技术，达到世界先进水平的战斗技术要求。"神舟"系列载人航天和"嫦娥一号"绕月探测工程成为我国自主创新、集成创新的典范。中央企业的技术创新成果在青藏铁路、三峡工程、奥运场馆建设等重大工程中，都发挥了重要作用，为我国标志性重大工程建设做出了杰出贡献。国有企业在快速发展的同时，整体素质和实力进一步提高，竞争力明显增强，不但居于国内同行的领先地位，在国际上也有较大影响。建筑行业，中交集团、中冶集团、中国建筑、中国中铁、中国铁建都是国内龙头企业，销售收入都在 1000 亿元以上，实现利润增幅都超过 60%。中交集团在 2007 年全球最大 225 家承包商中排名第 14 位，居中资企业第一位。煤炭行业两家企业的规模和实力都是世界一流水平，神华集团 2007 年煤炭产量超过 2 亿吨，销量超过 2.6 亿吨，均居世界第一位，百万吨死亡率低于美国等发达国家的水平。航运业，中远集团船队规模居世界第二位，经济效益在全球同行业中名列前茅。造船业，中船集团、中船重工 2007 年新接订单、手持订单均居世界前列。设备制造业，东方电气集团发电设备产量连续三年排名世界第一位，2007 年超过 3000 万千瓦。商贸业，中化集团、中粮集团、中国五矿均进入世界 500 强，这几年的成功转型进一步提升了企业的核心竞争力。中粮集团在食用油、葡萄酒、巧克力等几类产品中形成了知名品牌。

（3）国有企业对经济社会发展的贡献日益突出。国有企业在自身获得快速发展的同时，为国家实施宏观调控、保障能源资源供应、重点工程建设、国防现代化建设、服务和改善民生等做出了积极贡献。

石油石化、电力、粮食、铁路、交通等企业，自觉服从国家的调度安排，为保障经济平稳快速发展做出了突出贡献。石油石化企业在国内成品油与进口成品油价格倒挂较为严重的情况下，努力加强管理，降低成本，确保国内成品油的稳定供应。电力企业加强电网改造，加快发展农电事业，全面推进"户户通电"工程，保障了电力供应。电信企业实施"村村通"工程，在经济社会信息化建设中发挥了重要作用。国有企业在"非典"和2008年初的雨雪冰冻灾害的特殊时期，为保障经济社会稳定发挥了特殊作用。

第二节 民营企业的发展历程

对于什么是民营经济，目前国内尚没有统一的结论，缺乏一个权威性的定义。民营经济是中国独有的一个经济概念，在西方市场经济国家中是很难找到的。因为在西方市场经济国家，民营就是经济活动的主体，西方经济学的一切前提就是以民营经济为基础的，因而从经济学的一般意义上讲，民营经济就是按照商业原则和市场规则运作的微观经济组织形式。

从产权和企业理论的角度看，民营经济至少有以下几个特征：一是民营经济一定是以赢利为唯一目标的；二是民营经济治理结构的形成是建立在纯粹经济利益关系基础上的；三是民营经济拥有较为灵活的内部用人和分配激励机制。

目前，国内理论界和实际部门对于什么是民营经济形成三种不同的观点：一是宽派观点，认为相对于国有经济而言，除了国有经济以外的经济都是民营经济，包括集体经济、个体经济、联营经济、非国有控股企业、外资企业等；二是中派观点，认为相对于对管理体制而不是对所有制属性的描述，将民营经济定义为除国有企业、集体企业及外商投资企业之外的那部分企业的经济活动，是一种中国特色的新型混合经济，包括个体私营经济、民营科技企业、联营经济、乡镇企业、非国有控股企业、国有民营企业等;三是窄派观点,认为相对于公有制经济的角度,将民营经济定义为非国有制经济,不包括非国有控股企业、联营经济、集体经济、外资经济四大成分,专指个体经济与私营经济。

一、中国民营经济的形成与发展

我国民营经济脱胎于个体经济,改革开放以来,民营经济的发展步入快车道。依据新中国成立后各个历史时期中央对民营经济采取的不同政策以及民营企业的发展史,可以将我国民营企业发展历程划分为以下几个阶段:

第一阶段:接受改造、限制发展阶段(1949~1978年)。

新中国成立后,民营经济在整个国民经济中占有相当大的比例,1949年底,全国有民营工业企业12.3万余家,职工164万余人,占全国工业职工的54.6%,生产总值占全部工业总值的48.7%,民营经济在当时的社会经济中占有相当重要的地位。

新中国成立之初的《宪法》第10条明确规定:"国家对资本主义工商业采取利用、限制和改造的政策。"随着国家对资本主义工业的改造,我国民营企业历经了个别企业的公私合营和全行业的公私合营两个阶段,到1956年底,私营工商业几乎全部变为公私合营企业。据统计,1956年底尚未改造的私营工业企业870户,职工人数1400人,总产值2900万元;尚未改造的私营商业企业43.2万户,从业人员49.4万人,总资本额5600万元。党的八大(1956年)以后,国家又开始注意恢复和发展个体经济,个体工商业又有一定程度的发展。到1957年底,全国城镇个体工商业从业人员又发展到104万人。其后又经历了"大跃进"(1958年)和三年自然灾害(1959~1961年)的冲击,呈现萎缩之势。在1962年新政策的影响下,个体工商业又得到恢复和发展,但在"文化大革命"期间(1966~1976年),个体工商业不断遭受打击和摧毁,到1976年个体工商业已经濒临被"砍光"的边缘,全国从业人员只剩下18万人,到1978年全国个体劳动者只有 14 万人，个体经济已丧失了合法地位。

第二阶段：恢复发展阶段（1979~1987 年）。

从 1979 年起到 1982 年，在农村，随着农村搞联产承包，一些农业大户开始自己跑运输；在城市，大批返乡知识青年急需解决就业问题，个体经济开始出现。当初官方的叫法是个体劳动者。

1982 年制定的《宪法》中确认："在法律规定范围内的城乡劳动者个体经济，是社会主义公有制的补充。国家保护个体经济的合法的权利和利益。"此时，个体经济成为国营经济的"补充"，但是还没有涉及私营经济。在这个阶段，中国的个体经济有了较大的发展，但是私营经济仍然处于萌芽状态。到了 1986 年，国家对超过 8 个员工的私营企业的态度是不提倡、不宣传、不抵制。当时人们很顾忌"雇工"两个字，为了这两个字，争论了整整 6 年，最后确定下来的官方说法是"请帮手带学徒"，而且人数不能超过 8 个，后来将员工超过 8 个的叫做私营企业。

在这一阶段占主导地位的经济体制是计划经济，在这种体制下，较小的市场化改革就会带来比较显著的经济效果。整个宏观经济的特征是短缺经济，改革使消费者的消费需求空前扩大，但企业产品的供应却相对较少，总体市场出现供不应求的状态，同时市场中的空白处极多。

因此，在这一阶段产品之间基本上处于无竞争状态，原材料供应有一定的竞争，总体而言，竞争程度低。由于产品的供不应求，消费者基本上无选择余地，消费行为是盲目的，买得到的就是好的。在这一阶段，民营企业的总体战略行为是"专业化"的，这种专业化并非现在管理理论教科书上所讲的专业化，而是中国特有的专业化，这种专业化并不是企业所有者刻意为之的，而是特定历史时期的环境造成的。限于资金规模、经营能力和宏观政治、经济政策，企业仅能生产少数行业中的产品，生产过程专业化程度和产品的技术含量都很低。

第三阶段：有限扩张阶段（1987~1989 年）。

1987 年，中共十三大提出，要在公有制为主体的前提下，继续发展多种所有制经济，特别强调了私营经济的发展，是公有制经济必要的和有益的补充。在此期间出现了私营企业（雇工超过8人的民营企业）。1988年4月，七届全国人大一次会议通过的宪法修正案使中国私营经济的法律地位得到承认："国家允许私营经济在法律规定的范围内存在和发展。私营经济是社会主义公有制经济的补充。国家保护私营经济的合法的权利和利益，对私营经济实行引导、监督和管理。"当时全国私营企业已达8万多家，此后，私营经济获得了一定的发展，一些企业具备了相当的规模。1988年6月，国务院颁发了《私营企业暂行条例》，规定了三种私有制企业的组织形式，即独资、合伙和有限责任制。在这一时期，许多民营企业家通过承包经营、租赁经营、转换经营机制等多种方式利用国营企业积累了资产，逐渐改变了企业所有权，这些企业被压抑的能量得到了很大程度的释放。另外，"公有制经济必要的和有益的补充"地位的确立，也刺激了新民营企业的形成。

民营企业在这一阶段主要采取了一种有限的扩张战略，这种扩张主要是"外延型"扩张，即通过增加资本投入来扩大企业规模。企业规模的外延型扩张冲动是任何一个民营企业都无法拒绝的诱惑，这与民营企业的发展历程和当时的市场环境有关。首先，卖方市场的状况还没有改变，市场总体上仍然处于供不应求的状态，固守原来的产业仍然可以给企业带来可观的利润；其次，虽然改革已有些年，但人们心中对私有制的抵制情绪根深蒂固，民营企业家们对将来的政策走向并不明确，可以说，那时经营私有制企业仍然有一定的政治风险，因此，较之走辛苦且风险较大的内涵型发展道路，适当的外延型扩张无疑是企业家们的上上之选；最后，几乎所有的民营企业都经历了一个弱小的起步阶段，曾受到大公司、大企业的挤压，无法获取规模效益，备受小本经营之苦。综上所述，当民营企业得到一定程度发展之后，在市场经济的诱惑下，自然而然地会产生不断做大的冲动。应该说，这是一种合理的冲动，但是由于当时的政治环境不明朗，这种做大的冲动又是一种处于压抑状态下的冲动，因而扩张的动作幅度是有限的。

第四阶段：政治风波后的调整阶段（1989～1992年）。

1989年的政治风波之后，社会上关于民营企业姓"资"还是姓

"社"问题的争论一度使民营企业家陷入巨大的困惑,有很多人对发展民营经济提出质疑。中国的个体经济和私营经济出现了大幅下滑,从中国民营经济发展过程来看,这一时期处在曲折徘徊的阶段。当时的民营经济非常脆弱,一有风吹草动,对它就能产生致命的影响。

在这期间,一些民营企业家为了规避政治风险,主动把自己的企业无偿转让给了政府或集体,更多的民营企业选择了挂靠政府部门或与国营企业合作的形式,即"戴红帽子",以寻求庇护。可以说,这一阶段中国民营企业的总体战略是全线撤退,大部分民营企业或者缩小企业规模,或者出让企业经营权甚至所有权,不敢有大动作。这也是由于特定的历史条件决定的,可以说是民营企业家们的理性选择。这个阶段的个体经济出现了先是下降,后是缓慢上升的情况。

第五阶段:多元化的发展阶段(1992~1997年)。

邓小平南方谈话之后,1992年9月中共十四大提出了中国经济体制改革的目标是建立社会主义市场经济体制,进一步肯定了民营经济存在的必要性,并指出在所有制结构上,要坚持以公有制包括国有经济和集体经济为主体,个体经济、私营经济、外资经济为补充,多种经济成分长期共同发展,不同经济成分还可以自愿实行多种形式的联合经营。接着,1993年3月八届全国人大一次会议通过的宪法修正案确认"国家实行社会主义市场经济"。从此,中国逐步建立和完善社会主义市场经济体制,中国私营经济的发展具备了更有利的宏观经济环境。

这一时期,民营企业的总体战略行为发生了巨大变化,多元化经营成为他们的主导战略。在20世纪80年代中后期,一批军工企业开始生产民用产品,是中国企业多元化的先行者。1992年后,多元化经营成为民营企业的主要战略行为。这些企业涉足的新行业主要是房地产、生物工程、金融、IT等。

尽管后来很多实施多元化战略的民营企业遭受了很大的挫折,引致人们对多元化战略的质疑,但笔者认为,选择多元化战略在中国这样的一个转轨时期的经济环境中是很有必要的,在这样的选择中也渗透着民营企业家们很多的理性和无奈。首先,在中国,政府在经济中的作用是举足轻重的，特别是在市场逐渐形成的过程中，政府手中掌握着企业发展所必备的资源，企业在获得这些垄断性资源的竞争中，必然要承担巨额的寻租成本。为了发展，企业只有努力扩大规模才能承受更高的寻租成本，以获得更多的资源，而扩大规模的首选方式就是迅速多元化，这样，企业就容易陷入一个身不由己的"恶性循环"。其次，在这一时期，人们的消费观念仍然不成熟，许多潜在的需求被开发出来以后可以带来可观的利润，因此民营企业家出于寻求利润最大化的冲动也往往会走上多元化的道路。最后，民营企业普遍面临着融资的困难。资金是企业发展的重要基础，也是发展的"瓶颈"。在外部融资成本较高的情况下，企业往往倾向于把融资的渠道伸向企业的内部。通过多元化经营，一来把鸡蛋放在多个篮子里，可以在一定程度上分散风险；二来可以通过融资成本较低的"内部资本市场"的运作来取长补短。总之，这一时期民营企业选择的多元化战略是有其历史合理性的。同时，在此阶段，一些企业也开始在多元化经营基础上实施"归核化"战略，以降低多元化程度，集中资源于某几项核心业务，甚至是单一核心业务。

第六阶段：高速发展阶段（1997年至今）。

1997年9月，江泽民在中共十五大报告中指出："对个体、私营等非公有制经济要继续鼓励、引导，使之健康发展。这对满足人们多样化的需要，增加就业，促进国民经济的发展有重要作用。"1999年3月，九届全国人大二次会议在总结多年改革和发展的经验的基础上，通过宪法修正案，明确规定："在法律规定范围内的个体经济、私营经济等非公有制经济，是社会主义市场经济的重要组成部分。"随后，中国个体、私营经济的规模继续扩大，效益显著，各项经济指标增长加快。个体、私营经济在推动经济发展、解决社会就业等方面发挥着越来越重要的作用，非公有制经济已成为中国经济中的一个重要组成部分，并进入规范发展阶段。可以说，直到中共十五大之后，民营经济才与中国经济真正融为一体，被视为社会主义市场经济的重要组成部分，才从体制外放进了体制内，不再是异己。中共十六大提出："毫不动摇地鼓励、支持和引导非公有制经济的发展。"这无疑会对民营经济的发展产生重大的推动作用。中国共产党第十七次代表大会报告在"完善基本经济制度，健全现代市场体系"部分指出："坚持和完善公有制为主体、多种所有制经济共同发展的基本经济制度，毫不动摇地巩固和发展公有制经济，坚持平等保护物权，形成各种所有制经济平等竞争、相互促进新格局。"这是非公有制经济理论的又一次飞跃，为民营经济的发展创造了更加广阔的空间。

进入21世纪，中国占主导地位的经济体制已经是市场经济。为适应全球化发展，开放成为中国经济发展的主导方式，在此阶段，民营经济得到日益发展，民营企业迅速成长。随着开放广度和深度的双重推进，中国过剩经济的特征更为突出，总体市场呈现供大于求的局面，市场空白已经很小。在竞争战略层面，单纯依靠某个卖点的产品很难在市场上较长时期地生存。在这种状况下，中国企业的生产战略重点转向低成本与高质量，营销战略日益走向战略性营销。企业之间的竞争日益走向全面竞争，竞争程度日益激烈。消费者行为的理性化占主导地位，个性化需求显现出来。进入21世纪，民营企业在市场经济的大潮中日渐显得成熟，总体战略行为开始出现差异。一是专业化企业在20世纪90年代的发展过程中，逐渐从计划经济体制下的"专业化"走向市场经济体制下的"专业化"；二是多元化经营尽管受到许多严厉批评，但仍然是中国企业重要的战略选择和企业成长方式，只是与前期的多元化相比多了几分的慎重；三是较多的多元化企业主动采取"归核化"战略，日益取得成效。

总体来看，这一阶段民营企业在党的政策的指引下，得到了快速而有序的发展，与早期民营企业相比，显得更加成熟，其战略意识也得到了一定程度的增强。

二、中国民营经济的重要作用

当代中国实践已经充分证明，民营经济在我国经济社会发展中居于重要地位，具有积极作用。据最新统计，全国4200多万家企业中民营企业占92%，7.9亿就业人口中的91.8%为民营企业所吸纳，民营企业占企业创新的60%。民营经济对我国GDP（国内生产总值）增长的贡献率已经达到55%，存量就业的90%、增量就业的92%由民营经济提供；在国民薪酬中，除掉公务员之外，88%是非国有企业发放的，76%的税收是非国有企业创造的。可见，"民营经济本质上是富民经济"，我国"现在已经形成国有经济为主导，民营经济为主体，外资经济为辅助"的所有制结构，这一判断是完全符合当今中国经济结构实际的。民营经济的发展对我国经济的繁荣、科技创新、市场活跃、就业扩大、国家财政收入的增长、人民的生活改善和共同富裕、促进社会公平正义和人的全面发展等方面，都做出了积极的重要贡献。

1. 中国民营经济的重要性

将中国民营经济在国民经济中的重要性概括地讲，主要体现在以下几个方面：

(1) 创造社会财富，提供雄厚坚实的物质基础。改革开放以来，民营经济对国民经济增长的贡献率已从1979年的不到1%，增长到2005年的40%，对GDP增长的贡献达到55%，已成为国民经济中最具活力、最具增长性的力量。民营经济为构建社会主义和谐社会提供了雄厚的物质基础。民营经济上缴的税收比重不断上升，2009年，我国有76%的税收来自非国有企业。据国家税务总局统计的数字，个体、私营经济所缴纳的税收额占工商税收总额的38%。在地方税收中，有的地方民营企业所缴纳税额甚至占到地方税收总额的一半以上，为地方财政做出很大贡献，成为当地经济支柱。像广东这个外资大省，民营经济的发展规模也相当可观，2009年全省民营经济占GDP的比重已达42.8%，税收贡献率为28.4%。浙江省民营经济承担了浙江60%的税收，70%的出口，80%的善款捐助。浙江对全国的贡献一年达4000亿元，绝大多数来自民营企业。

(2) 扩大社会就业，改善人民生活。就业是民生之本，就业问题是影响社会和谐发展的重要因素。我国最大的国情是人多，最大的挑战是就业，因此社会最需要的是创造就业机会，一个人有了一份工作，有了一个岗位，在为社会做贡献的同时，也为自己和家庭找到了谋生手段,对社会稳定有很大好处。民营经济的迅猛发展为社会创造了巨大的就业机会。民营企业近年来每年吸收就业人员达到1200万～1500万,差不多创造了社会70%的就业岗位。如红豆集团2006年安置劳动力就占企业所在地的1/6。2005年上半年上海市新增岗位34.85万个,其中民营经济新增岗位25.4万个,占新增岗位总量的73%。目前,再就业的国有企业下岗职工中有70%左右在民营企业里工作。可以说,民营经济对社会的发展和稳定做出了重要贡献。

民营经济的发展,也促进了城乡居民收入水平的大幅度提高。实践表明,哪个地区民营经济发达,哪个地区就经济活跃,相对也富裕、繁荣,人民吃、穿、住、行各方面生活条件也较为优越。例如,中国的珠江三角洲、长江三角洲经济带之所以成为中国的金三角,主要是得益于当地蓬勃发展的民营经济。如浙江城镇居民人均可支配收入、农村居民人均纯收入,除四个中央直辖市外,均列全国省区第一位,而城乡居民收入水平的提高在一定程度上归功于民营经济的大发展。1997年以来,农村居民收入增量的66%主要来自在民营企业务工的工资性收入。有资料显示,我国各大城市所有服务网点85%以上都是民营的,遍布城乡的集贸市场和超市,为城乡提供了80%以上的肉、蛋、菜、果等农副产品。民营经济对繁荣市场、消除短缺经济和方便人民生活作用巨大。

(3) 承担社会责任,促进社会精神与文化的发展。发展经济的最终目的是让人们的物质生活和精神生活得以升华。企业应该追求利润最大化,但企业家不能追求个人财富的无限化。个人积累的财富越多,他所承担的社会责任也应该越大,越要承担起促进利益"共享"的责任,如环境保护、资源的可持续利用、广泛的社会关怀等。许多民营企业家"致富思源、富而思进",致力于实现社会价值最大化。他们回报社会,积极参加光彩事业,积极参加抗洪赈灾、慈善捐资、爱心助学、修路筑桥、扶贫济困等社会慈善公益活动。这些活动倡导了团结互助、扶贫济困的良好风尚,形成了平等友爱、融洽和谐的人际关系,树立了良好的社会形象。他们营造了各尽所能、各得其所而又和谐相处的良好社会氛围,促进着社会精神文化价值观的更新和提升。

民营经济是社会主义市场经济的主体,而市场经济要求公平竞争、依法经营、讲求诚信。一个企业,只有讲诚信、树公平、守法律,按照市场方式参与经济活动,确保产品质量,反对假冒伪劣,反对欺诈行为,才能赢得大家的信任,永续发展下去。民营经济活动的讲诚信、守法律,净化了社会风气,促进了社会文明的进步。民营企业为构建和谐社会做出的另一个精神文明贡献是,不断深入开展的企业文化建设。企业文化既是微观的生产单位的文化现象,又是宏观的整个社会主义文化的缩影,是社会文明大系统的重要组成部分,企业文化的建设是推进精神文明的重要途径。建设健康向上、丰富多彩、具有民族特色的企业文化,打造企业的核心竞争力,不仅推进了民营经济自身的进步发展,而且也促进了社会精神与文化的发展,促进了和谐社会的构建。

(4) 优化产业结构,创新社会分配。民营经济已经纳入我国整个国民经济范畴,是在整个社会系统中进行的。创造财富是企业的责任,用好财富也是企业的责任。所以,民营经济不但创造财富,还要以某种方式参与分配财富,不但要把蛋糕做大,还要以合适的方式分配蛋糕。在这个意义上,民营企业的运行和发展跟社会的发展密切相关。改革开放30多年来,随着经济的发展,企业作为社会主义市场经济主体,在推进我国现代化建设和改革开放的实践中,既以追求卓越、实业报国的业绩与成果不断增强我国的综合国力,又以积极培育和建设市场经济的实际行动推进了社会结构的调整和优化。民营经济以其天生的市场意识,促进了人们的思想解放和观念转变。现在我国社会主义市场经济体制已基本建立,市场在资源配置中已起着基础性调节作用。今天看来,民营经济为冲破传统计划经济观念,促进社会主义市场经济的发展发挥了巨大的推动作用。

民营经济促进了资金、技术、劳动力等资源的合理流动,促进了社会分配方式的变革。单一的按劳分配的社会财富分配方式已经被市场经济的冲击打破。中共十六大明确提出资本、技术管理等生产要素也参与社会分配。民营企业组织形式比较合理,为国企改革提供了思路。据有关资料统计,民营企业中,有限责任公司占 45.8%,独资企业占 43.1%,合伙企业占 8.2%,股份有限公司占 2.9%,集团有 2200 多家。同时,民营企业通过国有企业的兼并收购,积极参与国有企业改组改造。民营经济是社会主义市场化改革的重要力量,具有天然的市场经济特征,为建立社会主义市场经济体制,创新社会分配,促进社会发展发挥了独特作用。

2. 中国民营企业存在的问题

(1) 民营企业发展的资金问题。据悉,中国民营企业的融资,无论是初创时期还是发展时期,自我融资都是民营企业的主要融资方式。经营期限短的民营企业自我融资比例高达 92.4%,经营期限长于 10 年的民营企业,自我融资比例也高达 83.1%,民营企业自我融资比例平均达到 90.5%。外源融资是民营企业次要的融资方式,在外源融资中,银行贷款、非金融机构资金、其他渠道资金是民营企业的主要来源。

关于民营企业融资的困境,首先,民营企业,尤其是中小企业自身存在着这样几个问题:一是产业结构不合理,经济效益差,许多中小企业集中在传统产业、技术设备落后、产品质量差、竞争力弱、低水平重复建设严重,违背国家产业发展政策,不符合贷款条件;二是企业内部管理不规范,缺乏健全的财务制度;三是企业缺乏准确的、及时的信息收集和分析能力,投资、经营、交易费用和失败的风险都高于大型企业,金融机构无法与其建立长期稳定的合作关系;四是贷款质量差,不良贷款率高。其次,中小企业融资所需的社会服务保障体系尚不健全。针对中小企业在融资方面的先天不足,国际上通行的做法是以政府出资为主建立担保基金,构造中小企业担保体系,为中小企业获得融资提供支持。但我国的这项工作刚刚起步,难以适应。

(2) 民营企业发展的政策环境问题。迄今为止,商务成本已经成为影响民营企业竞争力提升的一个非常突出的因素。在经济发达的东部地区,由于民营企业拥有较低的商务成本和较多社会成本的基础,因而,尽管其劳动力成本高于中西部地区,但总成本并不高,从而表现出明显的成本竞争优势。中西部地区民营企业的要素价格虽然较低，但由于其商务成本高，缺乏社会资本的支撑，其民营企业的竞争力往往低于东部地区。

研究发现，外部制度和政策环境较好的地区，民营企业的竞争力也必然较高。政府公共政策和制度环境对提升民营企业竞争力具有直接影响。近年来，在涉及民营企业发展的各项政策和制度中，最突出的问题是系统性的"次国民待遇"问题。从总体上说，政府对发展民营企业的政策和制度已经大大改善，但由于人们在认识上存在的各种偏见根深蒂固，因而民营企业竞争力的提升还必然会经常受到来自政策面和制度面的种种歧视。

鉴于此，要发展个体、私营经济就必须建立对中小企业的《宪法》扶持制度。此外，《宪法》之外的法律法规保护也存在不足之处，缺乏专门对非公有制经济进行调控的法律。

(3) 民营企业组织制度演变问题。民营企业的组织制度的演变是民营经济发展过程中的重要问题。我国民营企业在30多年的发展中，在组织结构上也从初始形态的独资企业、合伙企业完成了向公司制企业结构的转换。但值得指出的是，在组织创新之后，资本效率非但没有明显提高，反而在某些情况下明显下降。

迄今为止，中国的大多数民营企业在本质上仍然是家族控制性企业。这种产权形态和组织结构具有二重性。一方面，它有积极的一面，如企业内部各主要成员之间的信任成本较低，从而有助于较小规模的企业实现更有效的组织和管理。另一方面，它又有消极的一面，如只相信"自己人"，从而在一定程度上限制了企业在更广的范围选择更有能力的人更有效地配置企业资源。也就是说，尽管民营企业采取了有限责任公司等形式，但家族制的实质并未改变。但是，从长期发展和进一步提升民营企业竞争力的角度看，民营企业从传统的家庭制转向现代制，势在必行。

(4) 民营企业的产业转型问题。民营企业的诞生和发展是我国增量改革的产物，一方面得益于改革开放政策的出台和不断深化，另一方面又囿于民营企业"机制灵活"，这样导致民营企业主要集中于低端产业和进入成本较低的行业。因此,民营企业从一开始就面临着一个如何进行产业升级和持续成长的问题。根据国家统计局普查中分析,从单位人数、从业人员、实体资本、营业收入四个指标进行综合分析,私营企业从事第一产业的为数极少,所占比重仅在1%左右。

如今,民营企业进入理性发展时期,许多企业开始研究企业发展周期、产业发展周期和经济发展周期之间的关系;注重战略管理,注意把企业的发展与民族经济的发展紧密联系起来,注意民营经济与国有经济的协调发展,与整个社会经济的融合。许多民营企业开始加快产品结构、产业结构、投资结构、组织结构和市场结构的调整,注意克服高投入、低产出,高增长、低效率、盲目扩张的问题;在经营方式上着手从粗放型向集约型转变,在组织形式上从传统型向现代型转变,在产业层次上从低级向高级转变,在经营理念上从无序竞争向有序竞争、分工协作、实现共赢上转变。

(5)民营企业家的素质问题。我国民营企业家来自不同的社会阶层,他们大多数没有受过正规的高等教育,其管理水平较多还停留在传统的经验管理阶段,在法律意识、觉悟、知识水平、管理能力、人格素质等方面存在问题,从整体上说,素质较低,对国际通行的理念与竞争准则比较陌生,在激烈而规范的国际竞争面前处于不利局面。

我国目前的民营企业主要是家族式企业和合伙式企业,企业所有权归一个或一些主要投资者所有,大多选择了家长式管理模式,即企业由一位强有力的人物作为统帅,实行高度集权化管理。在家长式管理模式中,管理层次不清,凡事一个人说了算,组织架构不全,运行模式松散,缺乏来自企业内、外有效的监控、反馈和制约,导致整个企业管理水平下降,活力减弱,效率低下,上下沟通受阻,市场应变速度缓慢。计划性不强,用命令代替计划,随意性太强。管理方法单调,难以调动全体员工的积极性,容易导致企业战略性决策失误,影响企业发展。

(6)民营企业的人才问题。民营企业用人观念落后,任人唯亲,人才的激励机制不健全,没有一个长远的人才战略,人才机制没有市场化,选拔不畅,人才不足,懂经营会管理的人才少,具备丰富的跨国经济知识的人才更是凤毛麟角。人才意识不强,他们认为企业的建立和发展是凭着自己和家族单方面的努力,而不是管理人员、技术人员和员工共同奋斗的结果,这必然影响民营企业的持续发展。特别是当企业发展到一定规模后,仅仅依靠自己、依靠家族的力量是远远不够的,这很容易导致民营企业暴起暴跌的命运。

第三节 中外合资企业的发展状况

合资企业是按照《中华人民共和国中外合资经营企业法》及其实施条例而建立的企业。一般是由一个或几个外国公司、企业或者其他经济组织或者个人,按照平等互利原则,经我国政府批准,在我国境内,同一个或者几个中国的公司、企业或者其他经济组织共同创办的企业。我国设立的合资企业主要具有以下特征:

(1) 中外合资企业必须是建立在社会主义中国境内的,具有中国法人地位,受中国法律制约和保护的经济实体。

(2) 中外合资企业享有我国按照国际通行做法给予的各种相应的优惠待遇。

(3) 外国合营者的投资比例一般不低于合营企业注册资本的25%,没有上限规定。

(4) 在国内外经济交往活动中,合资企业享有比内资企业更大的自主权。

(5) 根据法律合同、章程的规定,经营期限短的有几年、十几年,长的可达几十年。经营期满,合同便终止;经营期限届满前,合营各方协议同意,并经批准后,合营企业可以延长合营期限。

我国建立和发展合资企业的历史进程是和改革同步延伸的。1979年,第五届全国人大第二次会议通过和颁布了《中华人民共和国中外合资经营企业法》,同时,国务院设立了外国投资管理委员会,负责利用外商投资工作,决定对广东、福建两省使用特殊政策和灵活措施，开放深圳、珠海、汕头和厦门4个经济特区。1980年5月，我国第一个中外合资企业——北京航空食品有限公司成立，当年，我国政府批准建立中外合资经营企业20家。1983年9月，我国颁布《中外合资经营企业实施条例》，推动了合资企业的发展，到1984年底，我国的合资企业已有931家。

一、中外合资企业的发展阶段

受国家宏观政策的影响，合资企业发展呈现三个阶段。第一阶段（1979～1991年）：中国政府实施对外开放政策，开放了5个经济特区，随后有14个沿海城市开放，目的是吸引外商投资制造业，提供大量的就业机会。第二阶段（1991～1995年）：政府加强开放力度，制定很多新政策，给予外商诸多优惠条件。第三阶段（1996～2005年）：政府开始引导外商投资服务业和高新技术行业，具有良好的基础设施和产业环境的地区受到外商青睐。

在这三个发展阶段，我国不同经济区域的比较优势在不断变化，导致各地区合资企业所占比重也在不断变化，具体表现为：

第一阶段：资源导向型。

1979～1991年是我国对外开放逐步加深的过程。此时，吸引外商的主要区位因素是地区优惠政策和成本比较优势。投资主体主要是中国香港和澳门地区的中小型企业，企业集中在投资规模较小的出口加工业和劳动密集型产品行业。这些企业遵循成本比较优势战略，通常在沿海经济特区和开放区进行生产加工，然后将产品出售到内地或出口到国外。此时，各经济特区和沿海开放城市对合资企业实行"所得税两免三减半、投资总额内设备进口关税减免"等激励措施，这些激励措施对投资者有很强的吸引力。

第二阶段：市场导向型。

1992年，邓小平同志南方谈话带来中国经济的飞速发展，全国陆续开放了6个沿海港口城市、13个内陆边境城市和18个内陆省会城市，全方位的对外开放格局基本形成。此前，珠江三角洲地区是港澳台合资企业集聚的地区，但随着时间推移慢慢丧失了其中心地位，重心开始向渤海地区和长江三角洲地区转移。市场需求逐渐取代成本优势和优惠政策成为吸引投资者的主要因素，正如国际货币基金组织报告所说，"中国吸引外资的主要因素是能进入中国巨大的国内市场，而不是低成本的生产基地"。此时，合资企业投资规模大大增加，涉及行业也日趋多样化，产业和行业结构合理，资金与技术密集型的大型项目和基础设施项目也逐渐增加。

第三阶段：西部地区的崛起。

进入20世纪90年代后期，国内宏观产业布局初具规模，处于世界领先地位的跨国企业在各地进行投资，并且带动形成区域性的产业集聚，如东莞的电子信息产业和天津的手机产业。为了促进东西部经济的协调发展，1999年我国政府提出"西部大开发"的政策目标。西部地区的基础设施和投资环境不断改善，很多中心城市发展较快（如西安、成都、重庆、昆明等），居民消费水平不断提高，市场潜力迅速增加。为了寻求新的增长点，许多外商将投资项目向我国西部进行倾斜。在此必须指出的是，即便同样是西部地区，合资企业的分布也并不均衡。合资企业主要集中在四川、陕西、广西、云南、重庆等五个省、市（占67%），其他地区合资企业数量较少。1997~2005年，四川省合资企业数量不断增加（比重达37.67%），陕西、重庆和广西三个省、市所占比例有所下降，而云南、西藏和甘肃所占比例也开始上升。

二、中外合资企业不同区域特征比较

1. 行业分布特征

我们将行业划分为资源型、市场型和复合型三种。例如，农林渔业是寻求资源、原材料保证和利用的资源型；建筑业、商业和服务业是寻求开拓东道国市场的市场型；制造业是寻求依靠东道国市场、建立国际生产与流通网以及寻求劳动力保证的复合型。市场型和复合型企业对市场需求有较高的要求，在我国，东部沿海地区的市场状况明显优于中西部地区，地区收入水平和消费结构容易与外资产品相结合，从而决定了东部地区合资企业的集中度始终高于中西部地区。

就行业的地理分布来看，农林渔业主要分布在渤海地区和东北地区，两个地区都有良好的农业基础。中西部有着丰富的矿产资源和能源资源，采矿业集中在中西部地区。同时，由于土地资源和劳动力资源丰富且成本低廉，大型工厂在中西部地区也相对比较集中，特别是以汽车为主的运输机械。

电子制造业在沿海三大经济区分布相对集中，尤其是华南地区。华南地区在改革开放之初就是许多港商投资的区域，长期的发展使这里成为电子信息产业的集散地。由于拥有良好的生产配套环境和成熟的技术工人劳动力市场，同时劳动力成本比长江三角洲地区要低很多，从而使得华南地区电子电器与精密仪器的合资企业具有较强的竞争力。

以寻求市场为重点的服务业集中在环渤海、长江三角洲等沿海地区，特别是零售批发、信息处理、软件开发等企业集中在北京、上海等城市，物流业集中在基础设施、交通环境便利的环渤海地区、长江三角洲地区和珠江三角洲地区。

2. 投资规模特征

外商在我国合资企业的投资规模不断增加。第一阶段，迫于市场和环境的高度不确定性，外商投资规模小于500万美元的企业占总数的96.44%；第二阶段，随着国内市场机制和法律政策的日趋完善，外商投资规模小于500万美元的中小投资项目下降36.67%，而500万～2000万美元的项目占46.29%；第三阶段，国内市场的强大的引力使得大中型规模的合资企业纷纷投资，500万～2000万美元的投资规模占36.07%，而大于2000万美元的投资规模占36.53%。

不同区域合资企业的投资规模不尽相同。中小型企业在珠江三角洲和中西部地区分布很广泛，珠江三角洲由于地理位置靠近港澳台地区，集中了港澳台地区大量中小型合资企业；中西部地区由于地理闭塞阻碍了大型企业的进入，但四川、陕西两省则吸引了许多大型合资企业，例如、成都、重庆的大型汽车制造厂家、西安的大型电器通信设备生产厂家。大型合资企业在北京和上海及其周边地区比较集中。近年来,以上海为中心的长江三角洲集聚着越来越多的金融服务企业,逐渐成为国际大型投资的首选地点。

3. 股权结构特征

股权结构是双方控制合资企业的直接途径,也是投资者规避风险的财务杠杆。伴随着我国《合资企业法》的完善以及投资环境的规范,合资企业的股权结构也在不断改变。第一阶段,外方投资属于试探性,高度的不确定性使得外方在合资企业里倾向于选择较少的股权来规避风险,此阶段多为中方控股型企业;第二阶段,中国投资环境的改善和巨大的消费市场吸引着外方不断加大投资,外方控股型企业增加;第三阶段,伴随着中国加入世界贸易组织后国内经济环境与国际环境不断接轨,外方投资者对中国商业环境越来越熟悉并充满信心,强大的市场吸引力使得外方股权比例越来越高,并逐渐趋向独资化。根据第三阶段不同地区合资企业的股权特征来看,沿海地区的合资企业外方控股的比例往往低于中西部地区,这意味着沿海地区外方投资者在合资谈判中的讨价还价能力相对较弱。

三、中外合资企业经营成功的要素

总结中外合资企业经营成功的要素,主要可归纳为以下几点:

1. 利益目标兼容和战略资源互补是中外合资企业经营成功的基本条件

根据合资企业理论,具有互补性生产需求可能是合资经营的重要原因。一般来讲,中国有低廉的劳动力和巨大增长潜力的市场,国有企业缺乏必要的资金和技术,开拓市场能力有限。而国外跨国公司纷纷看好中国经济增长势头和庞大的市场,它们一般具有雄厚的资金、先进的技术和科学的管理,并且希望在中国这个待开发的市场占有一席之地。为了节约进入时间,降低进入成本,应该说中外双方的战略利益目标是可以兼容的,资源也可以得到互补。然而,问题的关键在于,很多跨国公司在中国的投资,其着眼点在于以产业体系为背景,以占领和控制市场为目标的长远投资,其目标就是为了进行产业控制，实现在华市场利益最大化。然而，国内企业与跨国企业相比，实力较弱，因此在与外商谈判合作时，明显地处于弱者地位，中方利益很难得到保障。跨国公司为了达到自己的目标，往往不惜牺牲中方利益，从而造成合资企业的内部冲突。因此，在合资企业建立之初，中外双方就要建立一定的约束机制来防止合作双方可能出现的利益冲突和目标冲突。其中包括增加对合作行为的报偿，对"搞穷对手"的行为进行制裁，从而尽量避免合作各方的机会主义动机。

2. 不要把两个规模相差太远的公司合在一起建立合资公司

文献表明，两家实力太过悬殊的企业在一起构建合资企业，合资企业最终的命运大多是被实力较强的一家企业所购买。如果合作双方实力太过悬殊，合资企业在合作双方心目中的分量就可能不一样。国内企业一般都面临着缺乏资金、技术水平和管理水平落后等问题，因此对合资企业大多寄予较高的期望，而且由于实力的限制，国内企业往往更注重短期的利益。而很多跨国公司尤其是对中国市场不太熟悉的公司仅仅将合资企业看成是自己初入中国市场降低投资风险的手段，它们的终极目标往往是占领和控制中国市场。它们有实力和财力经受得住初期的亏损。因此，国内企业若要避免被收购或股权比例下降，在选择与外商合资时，对于外商的规模大小，也应该充分考虑。

3. 中外双方在合资企业中的所有者权益应尽可能平衡

所有权的平等降低了合作双方机会主义的可能性，并能加强双方之间的合作。根据国外研究，在一份所有者权益各半的 50 个样本中，60％的合资企业是成功的，而在一份所有者权益不均等的 13 个样本中，只有 31％的成功率。

因此，中方必须坚持至少在合资企业中保持对等的股权，有条件的可以保持控股权，以确保对企业经营权的控制。

4. 对于合资企业来说，合伙人的选择是非常重要的一步

合伙人的评估应按照以下几项标准：合资企业合伙人的目标，合伙人之间这些目标的兼容性，潜在合伙人的信誉、资源、管理风格和组织系统，以及企业文化。还要考察潜在合伙人参与合资企业的历史记录。对于中方企业来说，应仔细选择一个作风诚实的外方合作者。

5. 合资企业的中外双方应该通过良好的沟通，建立信赖与信心，而不仅仅依赖于合同规定的权利和义务

中外双方都应该通过有效的沟通了解对方要求什么，期望什么，隔阂在哪里，哪些地方可以达成一致，哪些方面不应该追求一致，以此来建立双方的信赖和信心，从而提高合资企业的成功率。

6. 中外合资企业必须培养出有别于母公司的企业风格与文化以及新型的管理模式

使合资企业得以成功的是人。一个企业通常是通过管理者和技术人员的共同努力才得以达到其共同的目标。因此，对于一个企业中来自两个母公司的人员之间的结合面应当予以仔细的管理，所以有必要演化出一个有其自己的价值系统和适合于该企业的新组织。

所有的企业都需要适合自身企业的管理模式、管理方法，合资企业亦是如此。外国的管理模式、管理方法是不能完全适应中国国情的。同样，中国原有的企业管理制度也不一定完全适应合资企业的发展。找到一套适合于自身企业的管理模式就显得非常重要。这些工作需要合资后很快完成，同时在没有找到这些方法之前，应该有相应的过渡管理制度，如果丢弃了旧的管理制度，又没有拿出新的管理制度，势必造成管理的混乱。

7. 合资企业所吸收的外方提供的技术必须具备先进性和适用性

先进性是指外方提供的技术必须比中方企业的主流技术水平、甚至中国市场主要竞争对手的技术水平更先进，否则就缺乏竞争力。在中外合资经营中，因外方母公司转让技术所引发的冲突，主要来自外方转让技术的先进程度不足、核心技术转让不完整，或者是外方母公司自身开发能力不足而提供换代技术的能力较弱等。适用性是指外方母公司所带来的技术必须符合中方企业和合资企业的吸纳能力，否则就会因技术手段的实施障碍和综合配套能力限制而使技术的效用难以充分发挥。据有关文献指出，大多数合资企业的创新性研究开发能力比较弱，更适合成熟技术的应用。所以，在中外合资企业中，外方母公司提供先进而适用的成熟技术往往既符合中方企业的合作目标和吸纳能力，也能适合合资企业的特点和发展需要，不至于导致过高的合

作冲突。也就是说,并不是外方的技术水平越高,所用来投资的技术越先进,就越容易带来合资的成功。据有关资料统计,我国真正在高新技术产业领域中取得成功的合资案例并不多见,即使是高新技术领域中的中外合资企业,其主营业务实际上主要是比较成熟的、技术水平没有超过中方企业吸纳能力的加工制造环节。

第四章 中国企业管理模式的理论建构

第一节 中国企业管理模式的发展方向

改革开放之初,中国企业更多的是引进西方发达国家企业先进的管理理念、方法和经验,中国经济也得以腾飞。然而,延续到 21 世纪的今天,中国企业在管理上已逐渐呈现出诸多问题,其管理方式越来越不能适应经济全球化的发展趋势。企业的未来、中国经济的前景正面临着前所未有的困境和挑战。

美国著名管理学大师德鲁克曾经这样评论:"管理是一种社会职能,蕴藏在价值、习俗、信念的传统里,以及政府的政治制度中,管理是……而且应该是……受文化制约……管理也是'文化',它不仅是无价值观的科学。"① 也就是说,管理作为一种社会实践活动,是根植于一定文化的沃土之中;管理要真正发挥作用,就必须要与其所处的文化环境相适应。因此,要探索中国现代化企业管理,就应当从中国的国情出发,以中国传统文化为基础,着手于企业经营,深入研究、挖掘传统文化的精髓与奥妙。

---

① 阮平南、孙莹:《基于中国传统文化建立中国式管理模式》,《北京工业大学学报》(社会科学版),2009 年 6 月。

一、企业管理模式的创新趋势

在科技革命和科技进步深刻改变企业管理模式的进程中，尤其值得注意的是，近年来兴起的复杂性科学和因特网文化以及蓬勃发展的电子商务对企业管理模式的重大影响。例如，复杂性科学将企业视为自组织、自适应、自激励、具有智能意识的复杂性组织，如学习型企业。而因特网文化和电子商务则从根本上改变了企业以往熟悉的内部环境和外部环境，这些最终导致了企业管理模式的提升和创新。纵观国内外企业管理的现状及发展趋势，企业管理模式创新呈现出国际化、柔性化、人本化和知识化趋势。

1. 具有全球意识的国际化经营

经济全球化是新经济时代的主要特征。由于电子技术的发展，缩短了企业与企业、企业与消费者，特别是国内外企业之间以及他们与消费者之间的距离。随着生产的国际化、市场的国际化、消费的国际化，使许多企业的发展都离不开对国外市场的开拓和对先进技术的引进与利用。可以说，企业经营管理的国际化，是在全球化背景下每个企业的必然选择，也是世界经济发展的必然趋势。然而，值得注意的是，企业的国际化经营是一个由初级形式向高级形式发展的过程。它一般都经历了从单一的贸易型或生产型向贸易、投资、生产、金融一体化，即向综合性跨国公司发展的过程。进入20世纪90年代以来，在国际化经营方面，出现了所谓向无国籍化演变的战略。即一方面推行本地化，同时实行文化开放；另一方面调整结构，实行横向管理，在公司内部消除国界壁垒和部门分割，重新组建公司，以适应信息时代对企业发展的需要。

2. 善于捕捉机遇的寻机化管理

美国著名的管理学家孔茨说过，有效的管理总是一种随机制宜的、因情况而异的管理。消费者对产品性能和质量要求的差异化、技术进步的快速化、市场竞争的激烈化，都会为企业成长提供新的机遇和空间。企业能不能利用这些机遇和空间，就取决于其掌握寻机管理的程度，以及由此而释放的能量。寻机管理不同于常规或例行管理，它要求管理的方法与技术应视环境变迁而改进和创新，不局限于一种管理模式；是在预测企业发展机会的前提下，寻找机遇，求得正确的管理途径和方法。要取得寻机管理的成功，首先应当树立危机意识。生存危机能激发企业的成长机能。海尔"末日管理"的核心是不断地自我否定，居安思危，从而始终保持清醒的头脑。其次要不断把握市场竞争变化的规律。机遇对众多的企业来说是公平的，但具体到某个企业，能否有效地把握和利用它，却有着极大的偶然性。大量的实践证明，企业为了掌握未来市场变化的规律，要对市场作出迅速灵敏的反应，特别是对市场可能出现的机遇要进行分析研究。例如，通过对市场竞争者和消费者情况的了解和认识，以分析可能出现的机遇；本企业对可能出现的机遇能够应付的优势和劣势各是什么，对此要有预测。只有那些能预见到市场变化规律而超前采取寻机管理的企业，才能引导消费者的消费趋向，取得良好的经济效益。

3. 实施灵活多样的弹性化管理

许多管理学者在预测21世纪企业管理的新发展时说，由于经济结构的变化、消费者需求的多样化，过去的企业是围绕着物品和资金流动组织起来的，而现在则变为围绕着信息的流动来组织，因此对管理的弹性和适应性提出了更高的要求。为此，现代企业，一是要有适度的企业规模。长期以来人们都把追求规模经济效益作为经营成长的目标，可是从20世纪以来就出现了"大企业病"的问题，西方一些企业就开始从"求大"变到"求小"，提出了"小的是美好的"口号，即从过去那种一味追求大规模经营、大批量生产变为适度的小批量、多品种生产。二是要有灵活的管理组织。首先，战略联盟组织广泛出现，公司之间为了共同利用电子技术平台或共同开发一种或多种关联产品，常打破企业间在空间上的阻隔结成联合体。其次，大公司内部实行模拟"公司制"。即在原来事业部的基础上，进一步将一些生产单位、业务部门变成自负盈亏的利润中心。也有的从按地区、按部门多头管理的体制，转变为按业务范围进行直接管理的体制。未来企业建立分权型的管理体制，将是大势所趋。最后，强调管理重心下移，倡导团队式的组织形式。即从传统的垂直式、职能式的管理结构，向以"团队"为核心的扁平式管理结构发展。三是要适应制度工作时间的分散化。由于计算机的普及和互联网的发展，越来越多的工作可以在家中完成，这种趋势使弹性上班制日渐流行，同时也向传统的人事业绩考核制度提出了挑战。

4. 注重人才开发的人本化管理

首先，在向人力资源开发转变的过程中，要以人为中心，强调人和事的统一发展，特别注重开发人的潜在才能，更加注重人的智慧、技艺和能力的提高以及人的全面发展。未来企业的资本不仅仅是金钱，更要求注重人的智能和发挥人才智能资本的作用。如果说传统产品属于"集成资源"，那么未来的产品则属于"集成知识"，智能资本将导致世界财富的一次大转移，即企业的成功，将从自然资源的拥有者手里转移到那些拥有思想和智慧的人的手里。其次，加强职工培训和继续教育，注重智能资本的投入，开发职工的创造力。智能资本是指企业花费在教育、培训等提高人的综合素质方面的开支所形成的资本。它比一般的人力资本的投入会带来更长期的收益。因为智能资本不像金融资本和物质资本那样，可以将它与所有者分离，它是人们原本拥有的技术、知识、能力和价值观的继承，它具有人才资本的积累性。现代企业的发展不但需要一定素质的劳动者，而且需要超出常人的、高素质的综合智能。用丰富的人才资本优势转化并替代物质资本、自然资源和技术的优势，势在必行。

5. 培育企业精神，建设企业文化和企业形象的活动将进一步向纵深发展

企业精神对我国的企业来说并不陌生，而企业文化和形象建设是20世纪80年代以来企业管理科学理论丛林中分化出来的一种新理论，被人们称为管理科学发展的"第四次革命"。21世纪企业经营模式的重要方向之一，是企业文化的创造与渗透。企业未来的文化与形象建设的深化，主要应在以下两个方面努力：一是致力于企业价值观的塑造。因为企业文化的核心是企业精神，企业精神的核心是企业的价值观，企业形象识别系统的核心是企业理念识别。企业的价值观是

企业广大职工对客观事物、对自己从事生产经营活动的意义总的看法和评价,是劳动者的价值观念在生产经营活动中的沉积。它对构成企业文化、企业形象的诸要素,即企业的经营宗旨、经营战略和职工的行为规范等起着导向和决定作用。二是要突出本企业的气质和个性。在国内外的市场竞争日渐激烈的情况下,如果企业自己的经营没有特色,产品没有个性,管理没有气质,不能使广大消费者感知到与其他企业的差别,则很难自立于市场经济之林。目前,我国企业在这些方面的确存在问题,主要是因为,对企业精神、企业文化、企业形象建设内容的归纳和升华雷同化。为应对未来的竞争,必须改变这种状况。

概言之,企业管理创新的这种趋势可用"交叉、融合"来描述。所谓交叉是指多学科的相互渗透与吸收。越来越多的学科向企业管理学科渗透,被企业管理学科吸收。所谓融合是指智力型管理理论与人性管理理论、西方管理思想与东方管理思想的融合。不同管理理论和管理思想的融合与统一,意味着它们之间相互借鉴、吸收和扬弃,以达到更完美地整合的目的。这种现象的产生,则与复杂管理问题的解决既需要智商又需要情商,特别是需要两者的结合有关。可以预见,21世纪的企业管理科学将在交叉、融合中取得发展。

二、21世纪中国企业管理模式的发展轨迹

1. 中国未来的企业管理模式是建立在中华传统文化优秀内核基础之上的管理模式

一方面,中国传统文化中蕴藏着丰富、优秀的管理思想,它们的价值也得到了越来越多的西方学者的肯定和推崇,学习型组织理论的兴起已经在一定程度上预示了中华文化复兴的曙光,它们必将成为中国现代化企业管理的基本构成要素。而且,中华传统文化也是实现管理创新的希望所在,否则,我们只能跟在别的民族后面亦步亦趋,永远不能实现超越。另一方面,构建中国特色的企业管理模式,必须从中国的国情出发。中国最大的国情就是不同于西方文化的中华传统文化所形成的价值观、思维模式。比如,对美国人来说,理性的、科学

的、严格的规章制度是十分自然的事,而对我国员工来说,人治更容易被接受,即在管理中主要靠人管人,而不是靠制度管人。在这种传统文化心态下,生搬硬套美国理性主义的管理模式就不可能收到预期的效果。所以,在我国的企业管理中,不能忽视传统文化对于职工价值观、行为模式的影响,中国未来的管理模式必须建立在中国传统文化的基础上,因此,应该具有两个基本特征:一是一切有效的国际经验被吸收融合并以民族化的形式出现;二是具有独特的管理创新,这种创新是由传统文化的优秀内核孕育的,是其他民族只能学习借鉴而无法创造的。

2. 中国未来的企业管理模式是理性管理与人性管理相结合的管理模式

所谓理性管理,就是要依靠法律、纪律、制度、规章、条例、计划及其组织、机构、模式等进行管理,严格照章办事。而人性管理,则是要以人性假设及其评价为基础,确立管理思想,制定管理原则和选择方法。前者主要强调"规律、程序",以工作为中心;后者则主要强调"人心、人性",以人为中心。中国传统文化重视人,重视人的道德修养,重视精神因素;而西方文化强调控制,强调制度化、程序化的管理。理性管理与人性管理相结合是现代管理思想发展的必然趋势,两者相辅相成,构成了现代管理思想的基本内涵,即在传统西方理性管理的基础上,加上东方文化的人性管理因素,进而实现优势互补。理性管理是人性管理的基础,人性管理是理性管理的深化。因为,如果仅采用理性管理,强调严格科学的管理,虽然在一定时期内可以取得成效,但久而久之,容易使人产生厌倦和不满,出现被迫顺从行为,使人的创新精神和潜力不能够充分表现出来,理性管理的主要缺陷也就在这里。如果单纯采用人性管理,放弃理性管理,那么在人们还不具备良好的自觉意识和自觉行为的条件下,也不能达到良好的效果。人们个人的不自觉行为也许就会造成整个组织的不自觉行为,影响组织目标的实现。不是建立在理性管理基础之上的人性管理只能是乡村俱乐部式的管理,导致低层次的自觉行为。因此,任何人性管理都必须建立在一定的理性管理基础上,任何理性管理的实施也必须以人性管理作保证。而且，在不同的环境条件下，两者的结合程度是不尽相同的。但是，值得注意的是，随着管理水平的提高、成员素质的提高，理性管理在管理中的比重将随之减轻，管理将更加表现为一种深层次的人性管理。

3. 中国未来的企业管理模式是以人为本的管理模式

"以人为本"这一华夏管理文化的核心思想将成为世界性的潮流和趋势。但是，"以人为本"这一现代管理思想本身也是在不断发展着的。迄今为止，它大体上经历了三个阶段："以个性为本"的阶段，"以人性为本"的阶段和"以人文为本"的阶段。对"以人为本"的管理哲学思想作出富有时代精神特征解释的是"以人文为本"的管理观念这一新思潮，这一思潮从文化的特定视角，以传统和现代社会文化为广阔背景，站在企业管理的文化层面上，强调在现代企业管理中要以文化为诱因，以文化为形式，以文化为动力，把员工塑造成具有现代文明素养的"文化人"；并认为管理的重点应该是借助文化的形式和内容，在积极健康的浓郁文化气息和氛围中，引导员工建立积极向上的个人愿景，并且在此基础上形成组织的共同愿景，以此为基础促进员工、企业的潜能得到最大程度的发挥。管理理论与实践均已证明，管理应不仅仅提供法规控制的原则，更重要的是建立价值信念和共同愿景。因此，在中国未来的企业管理中，一方面加强法制建设，一方面必须重视加强企业文化建设，培养企业独特的价值信念和群体精神，这才是决定企业兴衰成败的关键所在。因此，在管理方式上必须坚持人性导向和文化导向并举，实行在文化氛围中的人性升华。人文管理的优势在于：它冲破了原先对"人性"研究的较为狭隘的封闭的思想模式，实现文化同"人性"联姻，将文化输入管理，并且注意到，在现代人的心理和行为中，已经含有民族和地域的历史传统和地域现代文化以及现时流行文化的渗透成分，由此创立了以文化为体验的全新的人文管理的理论和方法。"以人文为本"的管理模式具有"大一统"的作用和功能，它能实现下述方面问题的统一：企业小文化与社会大文化环境的统一；个人愿景与企业共同愿景的统一；员工的"人性"发展与企业文化的统一。而且，这种"统一"具有高度的内在一致性。可以看出,以人文为本的管理模式将给中国现代化管理注入新鲜的时代气息,将现代管理理论推向新的更高的台阶。

三、中国企业管理模式的实际内涵

管理的根基是以文化为转移的,并且受到社会价值、传统与习俗的支配。中国是一个具有悠久历史和深厚文化底蕴的国家,人们的理念和行为都是在文化的无形影响下形成的。由于东方传统文化的积淀及其所形成的哲学思想,使我们在探讨中国式企业管理模式的过程中更加注重对中国特有的社会范式的思考。

1. 管理的过程——"修己"、"安人"的历程

儒家提出"修己以安人"的命题,构成了中国式管理的基本过程。自古以来,思想家和当政者们都非常重视人的因素,认为社会的安定和国家的强大都有赖于人。历代统治者都把"重民"作为一项基本的国策,体现出"以人为本"的核心价值观。所谓"修己",是要求管理者从自我修养的角度出发,首先管理好自己,培养好自己的仁义道德,然后再去管理别人,管理天下。"安人"就是要使整个企业组织的人都能达到各得其所,各有所安,即使员工都能够安定地生活,找到自己最合适的社会位置,最终实现社会管理的目标。在《大学》这部儒家经典教程里,提出了"格物、致知、诚意、正心、修身、齐家、治国、平天下"八个人生修炼目标。可见,从"修己"到"安人"的过程,是从完善的自我管理到企业管理发展的过程。

2. 管理的原则——情、利、理、法

(1) 情——以情感人。它是以儒家的"性善论"为基础的,即对待被管理者,采取以情动之的正面感化原则,以及由"仁者爱人"的要求而提出的"以人为本"的管理原则。这种以人的情感为重的管理是建立在其核心概念"仁"字之上的。在儒家的学说中,"仁"是最高的政治伦理范畴,它的基本含义是"爱人"。因此,管理者要动之以情,从自身出发,做出表率,让被管理者从情感上得到感化,进而使他们"趋之"、"从之"达到"不令而行"的道德教化。

(2) 利——以利驱人。利，指人们所追求的物质财富。孔子提出追求财富是人们的普遍欲望，管理者应正确地认识到这一点，并通过有效的引导，使被管理者在合乎义的前提下追求自身的物质利益。在管理的过程中，管理者要从员工的利益出发，为员工谋福利。人是在不断追求利益中生存和发展的，利是管理者进行管理的有效驱动力。

(3) 理——以理服人。"以理服人"即"德治"：企业以一套统一的道德制度规范和约束人们的行为，从而产生合理的管理秩序。"德治"是"以仁为本"的内质与"以礼为制"的形式之间的高度统一。"德治"需要通过"礼治"这一途径来实现。"礼"是沟通道德的桥梁，是治理企业的基本手段，表现为人的行为规范的总和。"礼"的作用就在于协调企业内部各种关系，使众人各安其分，达到和谐统一。只有借助"礼"这个媒介，"仁"才能变抽象为具体，真正进入治理企业的实践领域，"德治"才可以落到实处。因此，管理者在实践中要做到"道之以德"、"齐之以礼"。

(4) 法——以法齐人。"以法齐人"即"法治"：通过相应的法律规范及制度安排，通过权力平等、权力制衡，司法、立法和执法相互独立等实现对企业的治理，它是在理性的基础上建立起来的一种现代企业治理方式。法必须以权威为基础，并且为政权服务。法治的根本是"不别亲疏、不殊贵贱，一断于法"。"德治"同"法治"都是维护企业秩序、规范人们思想和行为的重要手段，它们相互联系，相互补充。

3. 管理的理念——"天人合一"

"天人合一"中的"天"是指自然和宇宙，"合"即调和、和谐与协调。"天人合一"的主旨就是把人与自然和宇宙看成是相互联系、和谐一致的整体，致力于寻求主体与客体之间的相互融合、统一，把主客体的和谐当做人们应该追求的一种最高境界。在儒家看来，"人心即天心"。因此，"天人合一"的观念从管理意义上来说，表明中国哲学对人与自然的协调与平衡已达到相当自觉的认识。而且，儒家强调知行合一，即通过人的自我修养，达到人与自然协同进化，天下趋于大同。这一观念与今天提倡的可持续发展观的基本原则之一"和谐"是不谋而合的。

4. 管理的至高境界——"无为而治"

管理的至高境界可以用道家老子的一个观点来概括，即"无为而治"。"无为"即尊重世间万物各自发展的规律，"道法自然"，从而达到"无为无不为"的境地。与道家学派相比，儒家、墨家等学派所提出的"仁义礼乐"治国之术，具有较强的世俗性和实用性。而道家的管理哲学貌似消极，实际则包含了积极进取的治理企业的思想。《老子》一书中把管理状况分为三个等级：最好的是"不知有之"——员工不知道管理者的存在；其次是"亲而举之"——员工感觉到管理者和自己很亲近，常加以赞美；最后是"畏而辱之"——管理者以凶残的手段压迫员工，随意地欺负他们。这三个等级是不同的管理方式所形成的结果。"不知有之"是"无为而治"的最高境界。这种典型的[1]"柔性管理"方式，充分地体现了管理哲学层面的理念在实现管理本质属性之一"协调"上的作用。

对于我国几千年历史留下的丰富的文化遗产，我们应该取其精华，结合时代精神加以继承和发展，做到古为今用。因此，发掘、总结和综合中国传统管理思想精华，构建当代中国管理模式，并在实践中加以灵活应用，将有助于提高管理水平，推进管理现代化。

第二节　中国企业管理模式的构建

一、中国企业管理模式概论

1. 企业管理模式的结构模式

一般而言，企业管理模式的结构要素可以区分为四种：企业文化

---

[1] 阮平南、张勇：《管理理论与模式的根基——管理哲学》，《北京工业大学学报》（社会科学版），2005年9月。

和经营理念、人道管理、人缘管理、人谋管理。结构要素是管理模式中不可缺少的因素,任何一种结构要素的残缺,都可能引起整个企业管理模式的无效。结构要素或残或缺的现象,在国有企业和逐步发展起来的私营企业中比较普遍。据调查,最近几年全国70%以上的国有企业管理水平下滑,其原因主要是企业管理模式的结构要素受到了不同程度的损害。私营企业在发展过程中,企业管理模式的形成缺乏长期谋划与系统指导,结构要素残缺现象比较普遍,因此,私营企业发展到一定阶段后经常出现企业管理模式功能不足的现象。

企业文化和经营理念:企业文化和经营理念的作用在企业管理模式中处于核心地位,是企业管理模式运行的价值前提和刚性标准。企业文化和经营理念渗透和影响着企业管理模式的各个方面,决定了企业自组织模式、企业内外行为模式和企业目标优化模式。企业文化和经营理念的核心作用以潜移默化而又十分深刻的方式影响着企业系统选择、构造、调节企业管理模式结构要素和运行机制的每一个方面和每一个环节。因此,在实践中,明确企业文化和经营理念的核心地位是企业建立、移植、嫁接管理模式的首要任务。

人道管理:人道管理即意味着对员工的领导与管理。在此,领导者靠着影响力把组织或群体中的人吸引到他的周围来,获取组织或群体成员的信任。同时,人道管理也是一个过程,是对员工施加影响的过程。领导是管理过程的一个重要组成部分,领导的有效性是组织成败的关键。领导者肩负组织领导的重任,其思想观念、心理素质和特殊心理机制,不仅影响到个人工作的成效,更影响到其部属和群体作用的发挥乃至整个组织的行为和绩效。

人缘管理:人缘管理主要涉及的是组织管理。组织在企业管理中占有举足轻重的作用,它往往被视做管理的同义词,而成为管理最重要的内容之一。组织是以一定的目的存在而存在的,即一个组织存在的理由是它必须完成一定的任务,没有目的或没有任务就没有组织,目的或任务消失,其组织也随之消失。同时,组织可以通过一定的人缘网络将分散的个体按照一定的任务、一定的方式结合成有机的整体或集体。这种结合活动的结果就是形成一定的体制。

人谋管理：人谋管理是指企业为进行有效战略决策与谋划而相应地设置的组织结构与组织关系，以及保证决策、谋划过程运行的制度和方法。战略决策与谋划对企业管理模式的影响主要体现在企业目标的确定、目标的贯彻、目标的实施保证以及决策的控制系统的建立方面。战略决策与谋划体制和领导体制决定了企业管理模式的框架基础。

2. 企业管理模式的支撑模式

支撑模式说明支撑企业管理模式存在和有效运转的要素，以及要素之间的联结关系。企业管理模式的支撑包括人心管理与人才管理。支撑要素决定了企业管理模式能否正常运行。一方面，如果说企业管理模式某一结构要素的残缺会导致整个管理模式功能不足或者偏执，那么支撑要素不健全，将影响到整个企业系统是否能够存在；另一方面，支撑要素并不是单纯地因其有或者无来影响管理模式，要素本身的质量，如人的激励因素和人的素质、能力等，要素的定位是否合适以及要素之间的结合是否适当，将影响管理模式运行的柔性、有效性和创新性。

人心管理：人心管理主要涉及的是企业的人的激励行为。在管理中可以根据员工的心理需求和心理活动，提高员工的积极性，充分发挥人的创造性。激发人的动机的心理过程，即通过某种外在的或内在的刺激，使人维持兴奋的积极状态，通过各种外部或内部的刺激，激发人的工作动机，调动人的积极性，开发人的潜能，支撑员工朝组织所期望的目标前进的管理活动过程。

人才管理：人才管理即人力资源的管理，其地位已由过去的行政支持地位上升，位于与企业长远发展需要相适应的战略性重要位置。人是企业管理模式运行的原动力，人的素质及人才运用是否恰当在很大程度上决定着企业管理模式的运行状态和最终效果。企业管理模式中人的素质依据影响方式和程度可以划分为三类：决策和管理群体、被管理群体、智囊群体。对以不同企业文化和经营理念作为结构核心的企业管理模式，这三类人的素质作为支撑要素所起的作用和作用方式是不同的。同时，人才管理还涉及到企业内部人才的招聘、甄选、培训与发展、绩效评估、制定工资和福利制度等一系列活动,向组织提供人才支撑。

3. 中国企业管理模式的基本特征

(1) 以理服人。在管理上表现为人性化、合理化、制度化。我国传统观念强调情、理、法,视之为管理的最高原则。情、理、法是仁、义、礼的通俗说法。中国人受中庸之道的影响,有其独特的次序观,情、理、法三者,理居其中,而居中为吉,所以它的次序意义应该是以情为先,所重在理,以理服人,即德治:国家以一套统一的道德制度和规范约束人们的行为,从而产生合理的社会秩序。德治是以仁为本的内质与以礼为制的形式之间的高度统一。制度要经常调整,以求合理。因此,管理者唯有以庄严的态度,由内而外,务使自己心存"仁",而臻于管理人性化。

(2) 注重人性。在对人的管理中,了解人性,了解人的需要与付出的辩证关系。中国式管理的传统意义在于"修己安人"。管理活动始于"修己"的功夫,而终于"安人"的行为。企业是实现价值升值的一个企业人合作的运行体,这个运行体的运行过程和运行方式都是由企业人确定和驱动的,即人是决定企业一切过程和目的的主体,对企业的经营,其实质即是对人的经营。因此,人具有创造和分享企业价值的对立统一性,管理的目的和任务就是协调人之间的对立性,具体地,就是要使企业对价值的追求过程和结果尽可能地完善,这表明人是一切管理内容的首位,并贯穿于管理的理念、思维、行为的所有过程之中。

(3) 不断创新、不断学习是动力,创新是关键。跨世纪的年代是多变的年代,唯一不变的是变。任何已有的和常规的管理模式都将被创新的管理模式所取代,管理创新是管理的"主旋律",要渗透于整个管理之中。建构适用于中国的管理模式,须采取三个取向:发扬中国传统管理哲学、仿效欧美管理科学、在实践中持续创新。根据"古为今用"的原则,应该立足当代,从中国优秀传统管理思想宝库中吸取管理之道,使之成为"会通古今"的管理。根据"洋为中用"的原则,积极学习西方先进管理思想、管理理念、管理制度和管理经验,使之达到"中西合璧"的管理境界。根据"理论源于实践"的原则,从中国企业管理的成功经验和失败教训中,提炼出符合中国企业发展的科学管理思想。只有在企业管理实践的基础上,努力寻找中国传统文化、西方管理科学与中国企业管理的结合点,将三者有机结合起来,不懈努力,才能逐步地构建中国式的科学管理模式。

二、中国企业管理模式的结构模式的实质内涵

1. 中国企业企业文化的建立

(1) 中国企业企业文化概论。中国企业企业文化是指企业组织在其发展过程中因其自有的文化属性而形成的带有企业特色的、以东方管理元素("以人为本"、"以德为先"、"人为为人"的管理哲学、行为方式和价值体系)为实质的文化内容,其包括物质文化、制度和行为文化以及精神文化三个层面,是企业生存和发展的灵魂。以"诚信、和谐"为宗旨,以"义利合一"为价值指向,以上述"三为"管理哲学思想为行为准则,这样,才能建构具有东方管理文化特质的中国企业企业文化。

企业文化对企业生存和可持续发展具有重大影响,尤其表现在对内增强企业凝聚力和对外提升企业形象两个方面。荷兰组织人类和国际管理学教授 G. 霍夫施坦德在其著作《跨越合作障碍——多元文化与管理》中论述道:尽管不同时代、不同民族的文化各具特色,但其结构形式大体是一致的,即由各不相同的物质生活文化、制度管理文化、行为习俗文化、精神意识文化等层级构成。

因为具有以东方管理文化为特质的中国企业企业文化,所以,无论是国有企业、民营企业还是合资企业都体现了"义利合一"的价值观,这是现代中国企业家所共有的价值理念,是中国不同所有制企业的共性。其意义在于现代中国企业家把"义以生利"的思想转化为一种经营理念,把企业经营管理活动当做一种精神价值创造物质价值、精神价值制约物质价值的过程;这一过程是价值认识上的"见利思义",是行为准则上的"取之有义",主张以精神价值而不是以物质价

值作为考虑生产经营的出发点。对于中国企业来说，追求利润是为了企业的生存与发展，进而推动社会进步，这将成为中国企业的最高目标。

以东方管理文化"以人为本"、"以德为先"、"人为为人"管理哲学思想为主导的行为准则其内涵主要是：

"以人为本"就是要坚持以人为中心的管理，实现"主体人"、"自我管理"的目标。在实施人本管理过程中把"人"作为管理活动的核心和企业最重要的资源，把组织的全体员工作为管理的主体，围绕怎样充分利用和开发组织的人力资源，服务于组织内外的利益相关者进行管理，从而实现组织的目标和组织成员个人的目标。

"以德为先"的思想最先源于《论语》中的仁德思想。"仁爱"作为中国传统道德的基本原则，是涵盖内容非常广泛的范畴。其要义包括了爱人修己、明辨义利、分清理欲。"以德为先"的基本功能主要是道德规范功能和德行教化功能。现今社会"新三德"建设主张"官德"、"商德"、"民德"。"官德"是富民与富国的统一；"商德"是经济利己心与道德利他心的统一；"民德"是竞争与合作的统一。

"人为为人"的内涵就是每个人首先要注重自身的行为修养，"正人必先正己"，然后从"为人"的角度出发，来从事、控制和调整自身的行为，创造一种良好的人际关系和激励环境，使人们能够持久地在激发状态下工作，主观能动性得到充分发挥。在此，人为管理注重发挥个体潜力的自我式管理，这种管理的结果不是使个体背负沉重的精神负担而忧虑重重，相反，应该是个人心理健康水平的全面提高。

(2) 中国企业企业文化的真实内涵。中国企业企业文化构成主要体现为以下几个层面：

1) 物质层面。**企业产品**。产品是指人们向市场提供的能够满足用户某种需求的任何有形产品和无形服务。产品蕴涵着一定的文化价值，是企业物质文化的首要内容。企业文化范畴所说的产品文化包含三层含义：产品的品牌形象、产品的质量文化、产品设计中的文化因素。

企业环境。企业环境是企业文化的一种象征，它包括企业内部环境和外部环境，不同的内部环境是企业文化具有个性的重要原因。

企业形象。企业形象是人们对企业的主观反映，是社会公众与企业员工对企业的整体印象和评价。企业形象是企业文化的外在表现，企业形象只有以文化为基础才能形成独特个性。

2) 行为层面。企业家行为。企业文化主要以企业家为导向，它体现着企业家的个性、志向及思维。因此，企业家行为是企业行为的核心。企业家行为主要体现在企业的经营行为、决策行为、管理行为和创造行为中。

企业员工行为。企业员工是企业的主体，企业员工的群体行为是企业文化行为的基础与主体动力。企业员工行为反映了一个企业的企业文化普及与先进程度，决定了企业整体的精神风貌与企业的文明程度。

3) 制度层面。领导制度。领导制度规定了企业领导者的权限、领导方式、领导结构、领导责任及其具体实施方式。领导制度是企业制度文化的核心，反映着不同的企业文化。

组织机构。组织机构是企业为有效实现企业目标而筹划建立的企业内部各组成部分及其关系。不同的组织机构体现出不同的企业文化特性，而且在企业发展的不同阶段，企业的组织机构也会相应变化。

管理制度。管理制度包括企业的人事制度、生产管理制度、奖惩制度等一切规章制度，它是为保证企业的生产经营效率、约束员工、充分调动员工积极性而制定的一种体现企业文化的企业规章制度。

4) 精神层面。企业价值观。企业价值观是企业在追求经营成功的过程中所推崇的基本信念、对生产经营的目标追求和对自身行为的根本看法、评价，它是企业文化的核心。企业价值观是以企业绝大多数人共同持有的价值观为基础的，代表了以企业家价值观为主导的群体价值观念。现代企业价值观主要包括人本观、发展观、知识观、信息观、竞争观、风险观、信任观、和谐观等方面。

企业精神。企业精神是现代意识与企业个性相结合的一种群体意识，是企业文化的高度浓缩，是企业文化的灵魂。企业精神集中反映了，企业家精神作为企业精神最核心的部分对企业的战略选择、决策制定、长远发展都起着不可替代的作用。

企业经营哲学。企业经营哲学是企业理论化和系统化的世界观和方法论,它是企业在生产经营过程中处理业务问题以及企业与各种利益相关体的关系时所形成的意识形态和文化现象。[①]

(3) 中国各所有制企业企业文化构建的路径。

1) 国有企业企业文化构建的路径。

第一,要树立"以人为本"的企业文化发展方向。国有企业在改革过程中必须把企业员工的福利及切身利益同改革一样放到显著的位置,特别是在大型国有企业当中,只有真正地照顾到员工的生活和生产各方面利益,我们才可能把所有的企业员工团结在一起,向一个共同的目标奋斗,这是企业领导者的一项道德标准,更应该成为企业本身的制度性标准。

第二,要培养企业内部员工的竞争、忧患意识。"竞争"是现代企业生存和发展的动力所在,它存在于企业运营的每一个角落。员工的竞争力是企业的脉搏,强而有力的脉搏会带动企业无穷的生命力。因此,我们在精神上必须重视"榜样"、"模范"的作用,在制度上必须奖罚分明,只有这样,才能在企业面对外来强大竞争力之时,统一步调,应付困难。

第三,要创建开放、包容、创新的企业文化氛围。现代化的新型企业,必然是一个与外部联系很紧密的企业,比如和外来企业的竞争,对外部知识和人才的吸纳,对国内外市场的联系,这就要求企业始终有一种开放包容的文化,只有包容,才能够多元,才能实现企业对各种信息资料的采集,才能实现企业在市场竞争中的"最优选择"。

第四,要培养企业内部"参与"氛围。企业文化建设中的参与原则,主要是指企业内全体员工对企业目标、企业经营哲学、企业价值观、企业精神、企业宗旨、企业道德取得确认和认同。要实现这个参与原则,就要尊重企业内全体员工的主人翁地位,尊重全体员工的个

[①] 伍华佳:《海内外华人企业战略联盟研究——以东方管理文化为视角》,经济管理出版社,2011年4月。

人价值观和心理要求。只有这样,企业文化建设才能真正体现出企业全体员工的参与,使企业文化真正植根于全体员工心中。

第五,企业家要率先垂范。企业文化是企业家的人格化,作为企业文化的第一倡导者和实践者,首先,企业家应当成为企业文化的"传教士",不遗余力地宣传、贯彻、推进企业文化。其次,企业家要身体力行,成为企业文化的模范实践者。

2) 民营企业企业文化构建的路径。

第一,提升民营企业家的综合素质。要建设优秀的民营企业文化,首要的因素是企业家。民营企业家在构建企业文化、实施文化战略过程中,首先,要树立正确的核心价值观,自觉地开展理念革命,从思想层面上确立"企业文化";其次,要努力学习企业管理相关知识,提高自身综合素质,把自己塑造成为真正的具有渊博知识、辩证思维、敏锐洞察力的企业家。唯有如此,民营企业家才能以自觉的文化战略眼光,引导和创造文化,推动企业文化的构建、强化和变革,以最终提高民营企业文化建设的层次。

第二,培育和提升富有特色的民营企业价值观。民营企业与国有企业相比,普遍存在数量多而规模小、发展快而后劲不足、平均寿命短的现象。导致这一现象的因素很多,但究其内在原因,主要在于企业经营者缺乏企业管理意识,没有树立起"以人为本"的管理理念,不重视思想政治工作,尤其是忽视企业价值观的培育和塑造。因此,及时转变观念,从实际出发,重视民营企业文化塑造,整合和提升民营企业价值观,已成为民营企业实现企业管理良性循环的必然选择。

第三,深化以"人本管理"为核心内容的民营企业文化建设。民营企业员工是企业文化的创造者,同时又是企业文化的接受者和传播者。民营企业家要以一种平常心善待员工,尊重他们的人格和权利,实施"人本管理"。深化以"人本管理"为核心内容的民营企业文化建设还包括"打破民营企业家族管理,广纳天下贤才"。民营企业必须开阔视野,让有能力的人来经营和管理企业,否则就会在残酷的市场竞争中处于劣势。

第四,全面推进民营企业 CI 体系构建。通过理念识别、行为识别、视觉识别三者的相互作用，推进民营企业经营管理、塑造企业形象。在理念识别上，应注重立意深刻并富有文化内涵，做到既能吸引业主和客户，又能体现企业精神。在行为识别上，让每位员工都以良好的精神风貌和一流的技术开展工作，创造一流效益。在视觉识别上，将企业名称、徽记等标志运用在办公产品、工作场所、宣传布置等场所和相关载体上，加深公众的印象。通过民营企业 CI 体系的构建，使民营企业文化得到全面提升。

第五，重视民营企业思想政治工作。思想政治工作不仅要"有为"而且要"有位"。一是确立"一个中心"，一切为企业搞好生产经营、提高经济效益服务；二是坚持"两个面向"，面向员工、面向市场；三是实现"三个结合"，结合生产、经营、管理、改革的全过程，结合员工各个时期、各个阶段的思想动态，结合产品的促销宣传；四是塑造"四个形象"，即企业形象、品牌形象、民营企业家形象、员工形象。

3）合资企业企业文化构建的路径。

第一，承认文化差异的客观存在，树立多元文化意识。承认文化的差异包含两层意思：一是尊重；二是学习对方的文化。每一种文化都有它的优点，承认彼此文化的差异，看清文化的多样性，是文化融合的基础。承认文化差异是跨文化管理有效实施的前提，是开展后续工作的基础，只有扫除双方思想上的阻隔，才能更好地沟通和合作。

第二，辨别文化差异，有效控制冲突。合资企业内出现的文化冲突以及所形成的文化差异，其程度、类型很多都是不一样的。因此，合资企业的管理层只有首先辨别和区分文化差异，才有可能采取解决文化冲突的对策。

第三，建立共同价值观，打造"合金"企业文化。国际企业在跨国经营中，尤其是在跨国合资企业中，要想有效实行跨文化管理，进而实现战略目标，就必须考虑以融合的方式解决文化差异问题，即建立共同价值观，打造"合金"企业文化。合资企业的文化是由中外企业两种文化衍生出来的第三种文化，这第三种文化正是跨文化管理的结晶，是超越文化、融合文化的成功所在。

第四,开展跨文化培训,提高企业凝聚力和协作精神。通过跨文化培训可以大大减少双方管理人员之间的文化冲突,使双方都能尽快适应跨文化的工作环境,继而正常发挥各自作用,并实现良好的合作。此外,跨文化培训是提高员工素质的有效途径,是企业对员工重视的一种表现,有利于留住人才,降低合资企业过高的人员流动率。

第五,推进本土化经营,发挥文化整合优势。实施本土化经营具有降低经营成本、更好地沟通、降低文化冲突等优势,所以实施本土化经营是跨国公司的必然选择。本土化经营包括人才本土化、原材料供应本土化、技术研发本土化、营销本土化、产品本土化等方面。

第六,正视文化差异,将文化冲突转化成比较竞争优势。文化差异不可避免地会引发冲突,但同时多种文化的碰撞也会给公司带来非凡的竞争力。文化多样性使得公司具有快速适应市场偏好的能力,在解决问题的时候能够用更广阔的视角和更严格的分析来提高公司的决策能力和决策质量,并且多样化的视角能够提高公司的创造力。

2. 中国企业"人道管理"的构建

(1) 东西方管理理论的比较。东方管理的这一视角与西方管理中的"领导"相对应。在西方管理中,领导的职能在于先行、沟通、指导、激励和奖惩。领导对组织目标进行设计,对日常工作做出决策,通过沟通把有关的政策和决策传递给下属,为使下属在实践中执行好组织的决策,领导者对下属进行必要的指导,并通过与下属沟通情感,使目标更容易达到。同时,对下属执行情况予以奖惩。西方管理中的"领导",是以一种由上而下的管理理念进行的职能管理。

东方管理的"人道管理"提倡的是将"道"体现在管理中,这有两层含义,即"天道"和"人道"。"天道"意味着管理实践必须遵循的规律,"人道"则要求在管理过程中必须尊重个人的价值。中国各所有制企业同属儒家文化圈,并共有东方管理文化属性,因此,在管理中,首先,必须肯定员工的价值,将员工视为一切管理活动的最高目标;其次,坚持"为了人而管理"的管理目标,在经营管理中尊重员工的意愿,尊重员工的创造,充分释放员工的智慧和热情,不断提高员工的素质和士气;最后,领导者在进行决策、计划、组织、指挥、控制、激励、协调等活动中,将人的目标作为根本目标来追求,并以此作为建构道德标准的准则,成为理论和精神塑造的根本价值导向。由此可知,中国企业的领导,更关注的是人的自然发展规律,把激发员工的内在活力和创造作为领导的最大职能,是一种由下而上指导自己领导行为的管理风格。

(2)"人道管理"的实质内涵。管理之道即人道,道家思想源于实践,更应用于实践。体现在管理当中,"天道"意味着管理实践必须遵循规律,"人道"则要求领导者在管理过程中必须尊重个人价值,这里有"人为"与"为人"之分。

领导者在"人为"过程中应做到的是:

1)必须具备优秀的人格和品质。道家认为,领导者应该具备尽心尽责、服务精神、淡泊名利的基本素质,在此基础上达到"知人、自知",即所谓"知人者智,自知者明"。墨家认为,"厚乎德行"的品德特征是领导者应具备的素质之一,并提出考察"德"的11项指标,即"强志",重视意志的磨练;"重信",以信为本;"轻财",不爱财,更不吝啬;"守道",坚持原则,信仰专一;"明察",要具有良好的分辨能力;"诚实",言行一致;"自省",经常反思自己的行为;"实干",少说多做;"谦虚",不夸耀;"睿智",既富有智慧,又善于收敛;"无私",不损人利己。

2)必须拥有权力。领导以权为基础,在企业中,组织目标是共同的,但每个成员的个体目标常常是不同的。为了使大量个体齐心协力为实现组织目标而努力,一定要借助权力。在这个过程中,领导者拥有权力是必备条件,并应"恩威并施"、"内圣外王"地用好权威。

3)必须拥有智慧。墨子要求领导者应具备"博乎道术"的知识结构,知识越渊博,阅历越深,其分析问题和解决问题的能力就越强,其应变能力和决策能力也越强。

领导者在"为人"过程中应做到的是:

1)必须坚持"为了人而管理"的管理目标,在经营管理中重视员工、相信员工,以此为原则开展管理活动,是一种以人为中心的柔性管理方法。尊重员工的意愿,尊重员工的创造,充分释放员工的智慧和热情，不断提高员工的素质和士气。人道原则在管理中的运用，必将推进管理向更高层次发展。

2）必须使所领导的企业所有员工承担起社会责任。企业社会责任是一个与管理道德密切相关的概念。企业的利润目标和社会利益目标的冲突与平衡问题是企业社会责任理论提出和建构的出发点和归宿。企业社会责任理论认为，利润最大化仅仅是企业目标之一，除此之外，企业还应以维护和提升社会公益为目标。企业应承担起社会义务和责任，以此为重要管理目标，做一个合格的社会企业公民。

（3）中国各所有制企业"人道管理"构建的路径。

1）国有企业"人道管理"构建的路径。

第一，进一步理顺国家与企业的关系，为企业和企业领导体制创造一个良好的外部环境。建立现代企业制度是完善国有企业领导体制的前提和基础。国有企业在改制过程中需要理顺各种关系，其中理顺国家与企业的关系是最重要的一种关系，是主要矛盾。理顺国家与企业关系，就是在宏观调控领域实现政府宏观调控权与国家所有权的分离，在国家所有权内部实现所有者与企业经营者分离。理顺国家与企业的关系，也就是实现政企分开，使企业成为自负盈亏、自主经营、自我约束、自我发展的法人实体和市场竞争主体。

第二，在法人治理结构中必须体现党组织和职工群众的地位。法人治理结构的核心层是股东会、董事会、监事会和经理班子。但我们要建立的是社会主义现代企业制度，党的领导和职工当家做主都是必不可少的重要特征。社会主义基本政治制度和基本经济制度，决定了现代企业制度法人治理结构中必须体现党委、工会和职工代表大会的地位。这是我国现代企业制度领导体制与西方现代企业制度领导体制的本质区别。

第三，在国有企业内部建立决策、执行和监督"三权分立"的体系。企业的领导组织不管有多少，其职权都不外乎决策、执行和监督三个方面。一般来讲，决策权由董事会和股东会行使，党委会和职工代表大会参与决策；执行权由经理班子行使；监督权由监事会、工会和职工代表大会行使。在理顺国有企业内部领导关系时，必须遵循

"三权分立"的原则。"三权分立"不是各行其是,而是一种相互分离和相互制约的关系。企业领导班子成员,要在坚持原则的基础上形成合力,充分发挥各个方面的积极性。要做到目标同向、工作同心、责任共担。

第四,改革和完善国有企业领导干部管理体制。按照党的十五届四中全会决定,国有企业领导干部管理应当"积极探索适应现代企业制度要求的选人用人新机制,把组织考核推荐和引入市场机制公开向社会招聘结合起来,把党管干部原则和董事会选择经营者以及经营者依法行使用人权结合起来"。改革和完善国有企业领导干部管理体制,需要着重把握三个方面:一是要坚持党管干部原则;二是董事会要管理经理班子;三是企业领导干部管理要坚持走群众路线。

第五,理顺企业与职工的关系,切实保障职工的主人翁地位。在国有或国有控股企业,职工是国家和企业的主人,企业的法人财产权和经营自主权,属于企业的全体职工而不是属于经营者个人。国有企业保障职工主人翁地位应当通过以下几种形式来实现:一是由企业领导班子或经营者代表职工行使职工的主人翁权利;二是由职工认可或推举代表行使国有资产的股东权;三是坚持职代会制度,这是职工行使民主权利的一种基本形式。

2) 民营企业"人道管理"构建的路径。

第一,不同管理规模的领导力构建。规模不同的民营企业在领导条件和采取的方式上是截然不同的。规模较小的民营企业可能注重现场管理,发现问题及时纠正;当企业规模变大时,管理方式也要做到相应调整,领导者即使发现质量、技术问题,也只能找主管人员按程序处理问题。因此,对领导力的判断,不可简单以其态度和行为而定,而应以其管理的规模程度来定。随着企业的快速发展,领导者必须学会总结规律,授权管理,培养更多的管理者,不要过多干预他们的工作。当民营企业到集团化经营阶段时,领导者只需关注战略的规划、执行策略的统筹和文化的完善,以先进的价值观统领全局,做好对主要管理者的管理,日常工作也只需抓重大计划的执行。

第二,企业不同发展阶段的领导风格的形成。一个优秀的领导者应根据民营企业发展的不同阶段、不同规模、不同管理对象，随时调整自己的领导风格和方法。民营企业初创期，领导者要多注重亲情化管理。随着企业不断壮大，要逐步向制度化方向转移。有很多民营企业虽然发展了，但领导者的管理风格仍然一成不变，企业处于其绝对控制之下，停留在家族化管理阶段，没有建立一个职业化的氛围，无法吸引和留住优秀人才，导致企业越大越乱。

第三，制度化领导的建立。制度与文化是民营企业运作的推动力。这个推动力包括组织结构、权力分配、作业流程和追求卓越、鼓励创业、重视人培养人的企业文化。大多数民营企业多以领导者作为发展的驱动力，而非以先进的制度和文化来推动，这是问题的关键，只有解决了这个问题，才能建立真正的现代民营企业，并将其做大、做强、做长久。应当明白，民营企业领导力的提升是有形的制度与文化的无形影响力共同作用的结果。

第四，领导力与人才使用。民营企业一般都感到缺乏人才。实际上，人才就在民营企业领导者身边，只是他们没有发现。问题的关键在于，领导者如何看待下属的优势与短处。若企业领导者懂得扬长避短，赋予下属适当的职责，那么，即使能力平庸的下属也能做出优秀的业绩，这才是用人的成功之道。领导者一味批评下属，显现自身高明是没有领导力的体现；领导者处处做在前也并非有领导力，而只是一个表现优秀的工作者而已。

第五，领导力与执行力的体现。领导者必须有一定的执行力，这个执行力包括计划、协调、筹措、掌控等。作为领导者要了解成败的关键，知道如何筹措资源，如何让其他部门受益，如何说服其他主管配合，如何审时度势、统领全局。民营企业的领导者切不可简单地认为领导力就是领导者的人格魅力，它体现在处理事情的能力上，如面对难关、综观全局、调动资源、计划、协调、控制等。

3）合资企业"人道管理"构建的路径。

第一，参照《公司法》逐步规范现有的合资企业的领导管理体制，按照权力制衡原则，建立健全股东会、董事会、监事会制度。股东会由全体投资者参加组成。董事会由股东大会选举产生，董事可分为内部董事和外部董事，内部董事由投资者担任或委任，外部董事参照国外的经验可由社会上的一些专家、学者、银行家、企业家来担任，使董事会能真正站在企业的立场上面对国内外市场作出灵敏而又高效的判断和决策。监事会由股东代表与公司员工代表组成，站在公正立场上对企业的经营管理工作进行有效的监督。

第二，建立、健全科学合理的权力制衡和管理制度。首先是明确区分股东会、董事会、监事会的责任权限；其次是明确规定股东会、董事会、监事会成员的产生标准和程序；最后是制定股东会、董事会、监事会的议事规则和程序。

第三，总经理的人选由董事会选聘和考核，通过在国内外人才市场中广泛选择，选聘那些受过高等管理教育、品质好、作风正、具有丰富经验、会经营、善管理、确有真才实学的职业管理者担任。这样受聘的总经理要求很高，因为投资各方对其有不同的评价标准，总经理必须努力达到各方面的标准，才能使全体成员都满意。

第四，中方投资者必须按照法律规范来行使自己应有的权力。中方投资者在选派董事、董事长时既要从自身利益出发，又不能忽视合资企业的利益，既要考虑当事人的忠诚，又要考虑当事人的协调能力。一旦合资企业建立后，中方投资者应把自己的权力行使约束在法定的范围内，而不能越俎代庖，对企业的经营管理横加干涉，对企业的中方领导人员随意调换。

3. 中国企业"人缘管理"的构建

（1）东西方管理理论的比较。东方管理的这一视角与西方管理中的"组织管理"相对应。西方管理中的"组织"在组织学中的定义可以作如下归纳：①按照一定的目的、任务和形式安排分散的人，使其具有一定的系统性和整体性。②将分散的人按照一定的目的、任务和形式安排而形成的，具有一定系统性和整体性的集体。组织结构是指企业等组织机构的全体职工为实现组织整体目标而进行分工协作，在职务范围、责任、权力等方面进行划分所形成的结构体系。组织结构受到组织内部环境因素和组织外部环境因素的影响。

东方管理的"人缘管理"作为组织管理，其重要的是构建"信用、信誉、信守"价值观,并以此为原则,在企业经营过程中充分利用企业内外各种关系网络,协调组织内外各种人际关系,调动多方资源,进而实现组织目标。作为中国企业,应灵活应用"人缘管理"。就中国企业组织管理的精神层面而言,要施行"中庸"管理,对企业员工要讲求合理与适度,力求使事物处于合理的最佳和谐状态,以发挥出最佳效益。当然,中国企业内部强调关系和谐并不完全排斥不和和冲突,但冲突的诱发和消解只能是一种手段,目的是为了和谐,这将成为中国企业组织内部相互合作的重要前提。

(2)"人缘管理"的实质内涵。

1)东方"人缘管理"的核心在于"人",要充分认识"修己"与"安人","人为"与"为人"的意义。在中国企业内部如果全体员工都重视自我修养和对自我行为的约束,管理成效无疑会得到提高。而大家推己及人,以正当的行为来参与或从事管理,这样的管理活动自然成功,这样才能实现真正的"人性管理"。

2)东方"人缘管理"的精神在于"中庸",即中庸之道。中庸之道的实质是讲求合理与适度。任何事情都要注意一个合理的范围,要不偏不倚。而"人缘管理"的目的本来就是力求使事物处于合理的最佳和谐状态,以发挥出最佳效益。这种追求事物的合理性,也就是中庸,是"人缘管理"的标准之一。

3)东方"人缘管理"的最佳原则是"情、理、法"三者有机结合。在"人缘管理"过程中,首先要动之以情,用感情、语言去打动对方。如若不行,则要严肃地晓之以理,向对方把道理说透。若再不行,绝不姑息手软,要毫不留情地依照规章制度加以处理。

4)东方"人缘管理"的最高境界是"无为而治",即自动化管理。这要求一个企业或组织中的成员都能自觉地按照规范和要求办事,尽其所能地发挥自己的力量,维护组织的宗旨和荣誉,这就是"人缘管理"的最高境界,亦即孔子所说的"随心所欲不逾矩"。

5)东方"人缘管理"的基础是权威。权威是权力和威信的函数,古往今来,权威是普遍存在的。在人们相互依赖的联合活动中,没有权威就无法组织起来,现代"人缘管理"者如果没有权威,就无法完成企业目标,特别是在中国企业内部。作为"人缘管理"的文化,必然反映其所处的特定时间和地域。中国有着和西方截然不同的社会制度和民族文化背景,只有根据中国的特定情况进行"人缘管理",才能真正达到中国企业管理的目的。

(3) 中国各所有制企业"人缘管理"构建的路径。

1) 国有企业"人缘管理"构建的路径。

第一,建立跨部门团队发挥专业所长提高合作效率。跨部门团队一般由财务、计划、市场、人事、生产、研发等相关部门的专家组成,必要时可以聘请一些外部专家或客户方代表。他们在同一个任务目标指引下,发挥各自的专业特长和经验,在同一团队中进行无障碍沟通、协调,共享资源,这种环境下产生的工作成果必将是全面、高效、可实现的。

第二,与客户和供应商建立战略联盟激活企业可利用资源。企业与供应商和客户的联系是客观必然的。供应商是企业价值链的源头,客户是企业价值链的末端。要实现从源源不断地输入到顺顺利利地输出,取决于企业与客户和供应商之间的关系。一个企业会面对多家客户和供应商,客户或供应商也会面对多家企业,企业、客户、供应商的市场角色也会随着供需关系的改变而变化。他们共同构成了一张硕大的网络,就像人体的经络。保持市场经络的畅通和坚固,则需要企业与供应商和客户建立起战略联盟。

第三,建立扁平化的组织结构。可以采取如下措施:①提高人员素质,选择宏谋远略、知人善任的人才担任企业领导者,聘任执行能力强、业务水平高、善于用人的人才担任中层干部,选聘忠于企业、学习能力强的人才充实到各个一线岗位中;②丰富岗位职责,使员工有机会接受更多的工作职责,有计划地为员工提供轮岗机会,调动员工的积极性、主动性和创造性;③授予各级员工权力,对于程序性、日常性的工作,直接由执行者做出决策,提高工作效率和员工责任意识。对于重大的、综合性的问题,组织不同层级的人员研究论证,提高决策的全面性和员工的成就感。

第四,以客户为重心改进企业的管理机制。客户是企业价值链中的重要环节。企业的制度建设应该以客户为重心，这里所说的客户，既包括企业外部客户，也包括企业内部客户，内部客户关系是因，外部客户关系是果，良好的内部客户关系能够成就良好的外部客户关系。具体地说，企业的业绩考评机制、激励机制、质量控制机制、研发成果回报机制、信息管理机制等的设计，都应该融入客户观念。通过制度建设，使企业内部方方面面、上上下下、客户连接成为利益共同体，增长企业持续发展的能力。

2）民营企业"人缘管理"构建的路径。民营企业作为推动我国经济迅速发展的重要力量，在自身发展过程中，多数经历了两次重要的组织创新，即从家庭工业到股份合作制，进而发展到现代企业制度。为此，组织创新成为民营企业"人缘管理"构建的主要内容，其路径主要为：

第一，建立组织创新激励机制。激励和创新相适应的组织文化是组织创新的诱因。激励从其来源看可分为"主动激励"、"被动激励"。"主动激励"也可以称为"进攻型激励"，即其行为激励来源于主动获取组织优势；"被动激励"也可以称为"防守型激励"，即其行为激励来源于被动维护组织优势。在一个缺乏基本激励源的组织，必须建立激励源。首先，组织内要有鼓励尝试的制度；其次，组织内还要有促进竞争的机制；最后，要塑造鼓励创新的组织文化。只有在适当的组织文化中，创新才能有效率地涌现，组织中异质的个体才能有效地协作。

第二，进行组织结构的创新。企业组织结构的创新是一个依条件演进发展的过程，是自身应对环境改变的自发性反应。民营企业组织结构的选择和创新，既不能滞后于企业发展的阶段和内外部环境的要求，也不能超越它们。中小型民营企业在组织结构创新过程中，要注重走专业化道路，充分利用专业化社会协作体系，打造精干的生产经营主体，优化基本职能，突出关键职能，集中资源，强化企业核心业务与核心能力。民营企业或企业集团的组织结构创新，还要注重处理好集权与分权的关系。组织结构设计要从民营企业实际出发，对于不同的分公司、不同的业务模块，甚至可以分别采用职能制、事业部制或母子公司体制。无论民营企业的规模如何，在组织结构创新上都要注重突出一线部门的作用和地位，注重基层的管理重心下移。

第三，积极进行组织流程创新。组织流程创新包括横向协调的变革与创新、生产单元的重新划分和企业流程的再造等内容，实际上是要解决组织高效运行所面临的问题。首先，在横向协调的变革与创新上，要进行组织运行系统的设计与优化，这是改善组织运行效果的重要手段之一。其次，通过生产单元的重新划分和管理流程的再造，实现提高效率、缩短周期、降低成本的组织流程创新目标。对于原有流程中的冗余环节、复杂程序，我们要通过取消、合并、简化、调序、一体化、自动化等方法与手段，对其进行彻底的改造。

第四，勇于进行组织能力创新。组织能力创新是提升组织执行力的关键，是实现组织结构创新与组织流程创新目标的重要保障。民营企业要注重建立学习型组织，即通过培养弥漫于整个组织的学习气氛，充分发挥员工的创造性思维能力而建立起来的一种有机的、高度柔性的、扁平的、符合人性的、能持续发展的组织。提高组织持续学习能力，可以使组织产生高于个人绩效总和的综合绩效，不断突破组织成长的极限，从而保持组织能力持续提升的态势。

第五，发挥创新集成的协同效应。集成是指将多种因素集合为一个互为关联的整体。对于民营企业组织创新，只有将结构创新、流程创新与能力创新整合起来，才能构成互为关联的整体，这样的创新集成会产生整体大于局部的协同效应。实践证明，只有在多种因素上不断创新的企业才能持久生存和较快发展，那些过分依靠单一要素创新的企业，在生存与发展上往往比不上实施创新集成的企业。结构创新、流程创新与能力创新对民营企业经营各有不同的功效。同时，它们又是民营企业组织创新不可分割的整体，这三者互相影响又最终决定了组织的竞争力。

3) 合资企业"人缘管理"构建的路径。组织学习对于中外合资企业"人缘管理"的组织构建具有重要的作用。中外合资企业在本质上是一种典型的合作双方的互动关系。因此，从合作伙伴间互动观点来看，合作双方为提高中外合资企业组织学习的绩效，必须要建立良好的关系资本并有效地利用这一关系资本。通过建立在合作伙伴间关系资本的基础上设计适当的组织学习机制，其路径如下：

第一，知识分享的形成。中外合资企业中的知识分享是知识拥有者对知识需求者的施教活动，帮助对方学习，成功地将知识转移到对方，并形成对方的行动能力。知识分享不像信息分享那样，单纯地将信息传递给另一方使对方"知其然"，而是深入协助他人使其"知其所以然"。某些知识难以移植的主要原因在于其高度地嵌入于复杂的社会互动与组织内的团队关系中，不同于移植知识容易通过文件、手册等途径学习获得。此外，还有隐性知识，必须通过成员间共同知识与分享知识体系的建立，才能实现有效转移。

第二，合作双方互动的构建。中外合资企业中合作双方的互动机制在中外合资企业的管理上扮演了很重要的角色，合作关系的建立与持续运作取决于双方互动的质与量。尤其对于想通过合作取得所需要的技术和管理知识的企业而言，有利的互动机制更是不可或缺的重要条件。因为知识的运用与传递是通过合作伙伴密集与广泛互动所形成的，特别是对于中外合资企业中来自不同文化背景的合作双方而言，彼此间人员经常的互动、沟通与交流等，更有利于隐性知识的学习以及增强对方知识传授的意愿，这在转型经济国家尤为重要，因为当地合作伙伴缺乏先进的技术和管理技能，需要国外合作伙伴扮演教师的角色。

第三，透明机制的建立。中外合资企业中的透明机制是指合作伙伴中一方对另一方在知识、能力方面增强其开放性，提高知识的透明度。知识转移能力可区分为转移者转移能力和接受者转移能力。接受者转移能力与学习能力相联系；而转移者转移能力依赖于它从事这种知识转移的意愿，即对合作伙伴的开放程度。由于知识等同于权力，知识拥有者往往不愿意进行知识转移，特别是当其拥有的知识是明晰的而且只有少数企业拥有时，合作伙伴会采取防护机制和措施来保护其能力。合作伙伴对知识的保护将导致知识更大的模糊性，并直接妨碍知识的转移即组织学习。因此，透明机制是中外合资企业中组织学习的重要部分。

4. 中国企业"人谋管理"的构建

(1) 东西方管理理论的比较。东方管理的这一视角与西方管理的"计划、决策"相对应。西方管理中的"计划"主要包括三个内容，即：

1) 组织的目标。目标是指根据组织宗旨而提出的组织在一定时期内要达到的预期效果，是一个组织各项管理活动所指向的终点，也是计划的最高层次的内容。

2) 组织的战略。战略就是对组织资源的使用方向做出规划，以最大限度地实现目标。战略是计划中间层次的内容，是连接目标和具体计划间的桥梁。

3) 各层次的具体计划体系。计划中的目标和战略必须经过逐层展开并发展成为各层次的具体计划，才能有效组织和协调各类资源为实现组织目标服务。"决策"是为了实现一定目标，在两个以上的备选方案中，选择一个方案的分析判断过程。在合资企业中如何选择好的决策方式，采用集体决策还是个人决策，是影响决策质量的一个重要问题。

东方管理的"人谋管理"即计划、决策管理，作为东方民族的中国企业首先体现的人谋就是管理者或智囊团对战略目标进行预测和分析，并运用权谋和策略等智慧性技巧来达到预期目标的行为，这包括计划、决策和战略管理。在中国企业内部要进行决策不仅要做到多闻慎行、深谋远虑、执经达权和讲求中庸之道，还必须遵循"团队论、人本论、创新论、系统论和心理论"原则。

(2) "人谋管理"的实质内涵。东方管理人谋思想的实质内涵主要体现为以下几点：

1) "团队论"。为了能集思广益，收集更多人的智慧，智囊团成为东方管理中最富特色的谋略团队。优秀的谋略团队所能产生的巨大作用是东方管理者较早就认识到的。用团队的智慧实现合资企业战略目标本身就是管理，这可以算做管理中目标实现的极佳手段。中国企业中需发扬团队精神，同舟共济，形成优秀的谋略团队才能战胜外界激烈的市场竞争。

2) "人本论"。东方人谋从其开始就一直以人为本,强调决策者(人)的主观能动性,突出人的思维和智慧(即中国古代所谓的心,其实也就是人类的智谋)。《说文解字》曰:"谋:从言声某。"言者,心声也。所以东方管理中所谓人谋强调的是人的心智。由此可知,在东方管理文化中,以人为本、人谋为上的理念一直占据主要位置。中国企业中需以人为本,强调发挥全体员工的心智,凝聚全体员工的智慧,为企业的发展出谋划策。

3) "创新论"。"兵者,诡道也。"这深刻地指出了计谋诡异、新奇的重要性。所谓计谋,就是确定创造性地解决问题的方案。从这个意义上讲,谋本质上就是创新。创新思维在计谋活动中具有举足轻重的作用。创新是企业的灵魂,中国企业应培养员工的创新精神,使他们富于想象、预见并提出自己的见解,使企业不断产生新的生产力。

4) "系统论"。我国古代谋略家都注重从全局来分析系统的变化过程,确立适用于系统的原理和方法,主张从系统思维来解决问题。在《孙子》一书中,我们可以发现,孙子是将计划决策看做一个系统,包括收集信息、做出计划、制定策略等。除了分析计划决策系统内部各子系统之间的关系外,他还照顾到计划决策系统与外部环境大系统的关系,甚至考虑到该系统与政治、经济、文化等系统的相互依赖、相互制约的关系。中国企业在进行决策时须将企业内部环境和外部环境有机结合起来,针对激烈竞争的外部市场进行有效的系统性谋划。

(3) 中国各所有制企业"人谋管理"构建的路径。

1) 国有企业"人谋管理"构建的路径。

第一,重视企业战略管理研究和战略目标的实施。战略管理是市场经济条件下最重要的企业管理,是企业发展的纲领。企业战略管理研究必须对新的管理模式与新的游戏规则有积极的预期准备。企业战略目标的研究、制定和组织实施是一项复杂的系统工程,要克服企业战略目标的制定和实施"两层皮"的现象,把企业战略目标的研究、制定与组织实施有机地统一起来。

第二,建立一套高效、灵敏、准确的信息情报系统。战略的成功在很大程度上取决于信息（如市场开拓、科技开发、技术成果、生产经营、商品供求信息等方面）的准确性和及时性。突出表现为许多企业开始向从事的行业资讯空间拓展，领略软件资源所带来的无限魅力，建立属于自己的行业信息平台，积聚资源、汇聚信息、搭建合作平台，由此获取崭新的、超前的利润空间。

第三，打造企业良好的战略执行力。企业必须将战略转换成具体的可测量的、为众人所理解的行动方案，同时在行动过程中注意反馈，企业要注意打造具有高效执行力的四大基石：健康的执行心态、充分利用执行工具（如平衡计分卡、六西格玛管理、评价体系和绩效考核制度）、良好的职业角色观念、有效的执行流程，要合理配置资源、做好预算和计划，确实将战略高端愿望解码成每个人应该做的具体事项。

第四，不能盲目追求规模和多元化。企业战略管理的目标是为了确保公司的产业定位准确、主业突出、提升企业核心竞争力。所以，企业应当避免全面出击，轻易涉足其他领域，盲目追求规模和多元化。

第五，着重取得难以模仿的资源和能力。一个企业能否获得高于平均水平的投资收益率，在很大程度上取决于企业的内部特点。因此，企业应该把制定战略重点放在取得竞争对手难以或者不可能模仿的资源和能力上。

2）民营企业"人谋管理"构建的路径。

第一，考察企业的规模、发展阶段的影响力，确定企业经营机制。民营企业由于在所有权上已经明晰，因而在战略层面上影响企业发展的主要是经营机制的问题。经营机制对于不同发展阶段和层次的民营企业有所不同：①对于大型民营企业，建立现代企业制度通常是其发展的必然，因为只有以现代公司制为主的企业制度才能适应社会化大生产和市场经济发展的要求。②对于中等规模的民营企业，其经营机制在现代公司制度和家族式管理之间，当企业上下对改革的意识和准备尚未成熟时，强行变革会引发种种矛盾，适得其反。这时候，可维持其家族所有或合伙经营，但还可通过聘请职业经理人的方式，改善组织机构和管理水平,为日后的长远发展做好变革的部署。当企业发展到较大规模、较高层次的时候,才转向股权结构多元化的现代公司制。③对于广大小企业,不能因为家族经营的种种弊端而否定家族经营,相反,家族经营有其必然性。但有着远见卓识的企业家应将加强企业组织建设、改善管理作为重要的经营策略。

第二,定位产业链价值链,确定经营策略。结合当前全球化、区域化和市场化的发展趋势,民营企业应充分考虑其在产业链中的经营地位及发展空间。区域价值链和行业价值链是进行战略选择的两个方面。从区域来看,我国经济布局导向存在很大差异,不同的地区对产业培育支持的力度亦有不同,民营企业应充分考虑空间因素,明确空间价值链。如在发达地区,应积极鼓励和引导民营企业参加高新技术产业的发展和传统优势产业的改造升级。在中西部地区,为促进地区经济发展,国家大力鼓励发展生产加工型和劳动密集型的非公有制企业。行业价值链的定位在于选择某一行业的一段生产或服务的片断作为经营内容。

第三,挖掘和培育企业竞争优势,确立经营内容。获取竞争优势的战略选择其实是企业在市场营销上做策略考虑,它以产品和客户为中心,围绕产品技术、服务、价格及市场空间、渠道、竞争态势等内容展开,形成不同的战略选择组合。关于企业采取专业化还是多元化,采用横向一体化还是纵向一体化的战略发展模式争论由来已久,决策的关键除了考虑市场的需求,还需要从企业自身能力和资源供给水平出发,实事求是地做出合理安排。

3)合资企业"人谋管理"构建的路径。20世纪80年代以来,西方企业尤其是跨国公司迫于强大的竞争压力,开始对企业竞争关系进行战略性调整:纷纷从对立竞争走向大规模合作竞争,其中最主要的形式之一就是建立企业战略联盟。战略联盟作为企业组织关系中的制度创新和经营战略,已成为现代企业强化其竞争优势的重要手段,被誉为20世纪20年代以来最重要的经营战略和组织创新。

中外合资企业的战略联盟主要是指两个或两个以上企业为了实现资源共享、风险或成本公摊、优势互补等特定战略目标,在保持自身独立性的同时通过股权参与或契约联结的方式建立较为稳固、长期的合作伙伴关系，并在某些领域采取协作行动，从而获取单个企业难以取得的竞争优势。

在中国市场上，对于境外资本来说，优势在于资金、技术及经营管理的先进经验，但对当地市场需求的了解、对客户资源的掌握处于劣势。而以国有为主体的中国企业虽然占有市场与政策优势，但缺乏资金和技术，缺乏市场经济的经营经验。为此，中外企业双方的优势互补非常明显，又面对同样巨大的机遇和风险，相应的战略联盟则易于建立。外资企业在华直接投资是为了实现其全球战略、为了获得利益。同样，国内企业与外商合资也是为了自己的利益和战略目标，需要先进国家的资金、管理技术以提高自身竞争能力。共同的利益使得中外双方的战略联盟存在坚实的基础。

三、中国企业管理模式的支撑模式的实质内涵

1. 中国企业"人心管理"的构建

（1）东西方管理理论的比较。东方管理的这一视角与西方管理中"激励"相对应。西方管理学中"激励"的目的是为了引导、加强和维持人的行为，使之能够有利于组织目标的实现。激励是通过满足个人的需要来达到这一目的，这是西方管理中的激励的本质所在。因此，在做激励工作之前，必须要对人的需要有一个正确的认识。人的需要是复杂多变的，任何一种人性假设都不能涵盖所有人的需要。科学的方法是以这些假设为基础，在实践中作个体分析，从而了解每个人的需要。

东方管理的"人心管理"主要指中国企业的管理活动只要涉及来自不同市场背景与不同所有制企业的员工，就必然与员工的心理活动息息相关。中国各所有制企业的员工的心理状态与组织的心理管理效果有着十分密切的联系。

（2）"人心管理"的实质内涵。"人心管理"主要注重员工的心理管理，在现代管理实践中，除了解员工的个性之外，更重要的是了解

员工劳动积极性的动力机制以及挫伤机制。在此，人为激励理论在东方管理激励领域有重要体现。

基于对激励主客观关系的考察，我们认为"人为"激励系统包括自我激励、他方激励以及相互激励三个层次系统。自我激励是"人为"，而他人激励是"为人"。"为人"的实质就是通过自己的"人为"去诱导他人进行"人为"。企业员工（包括垂直关系也包括水平关系）各自的自励（"人为"）与他励（"为人"）行为就构成了相互激励（"人为为人"）。可见，人为激励的逻辑前提是自我激励、他方激励、相互激励，这些都依赖自我激励才得到实现。企业中每位管理者或者员工"人为"、"为人"的结果，就会形成"人为为人"的最优激励局面。因此，"人为为人"相互激励构成了人为激励模式的本质特征。

（3）中国各所有制企业"人心管理"构建的路径。

1）国有企业"人心管理"构建的路径。

第一，针对员工差别，制定出不同的激励措施。从员工需要出发，要求管理者必须充分认识不同层次员工的不同层次需求，并为每一层次的需求设计相应的激励措施。具体来讲，主要是：一是针对企业高管层的激励措施。一般而言，企业高管人员对权力和成就有更加强烈的需求，对施加影响力表现出很大兴趣，对他们除了年薪与效益挂钩外，要施以放手让权、提高社会知名度等方法来激励他们。目前，国资委对直属国有企业大都采取这些方法。二是对部门和二级单位主管人员的激励措施。对他们适度安排具有挑战性的重点工作，并以职务晋升为激励措施，同时实行绩效考核，实行年薪制，年薪制标准向主要生产单位和部门倾斜，使他们保持旺盛的工作激情。三是针对企业内部高学历人才的激励措施。对他们的激励方法应采取技术课题攻关、职称晋升、专业人员评比等措施。四是针对公司内员工的激励措施。应针对性地采用物质激励为主、提高福利待遇等手段，这很容易收到理想的效果。

第二，从企业实际出发，建立更加科学合理的薪酬体系。建立科学的薪酬体系，应当从以下几个方面入手：一是适当减少固定收入，增加绩效工资的比例，以岗定薪、"死定活拿"，充分发挥工资的激励功能。二是按贡献、责任大小确定不同人员的薪酬。根据不同岗位人员责任大小、贡献多少来确定他们的薪酬标准，把不同层次人员的收入拉开，这样对不同的人员才能起到正面激励作用。三是推行员工持股制度。把员工现在的工作绩效与企业的长远利益紧密相连，既能调动员工的积极性，努力做好现有的工作，又能将员工的个人目标与企业的长远目标结合，更有利于留住和吸引高素质人才，提高企业的竞争力。

第三，在企业内部推行职业生涯管理。员工职业生涯管理为现代企业的人力资源管理提供了一种科学的办法。企业针对员工的个人特长和职业发展意愿，对其进行职业生涯设计；同时，加大人力资本投资，加强人才培养，为员工提供提高自身技能的学习培训机会。这样，一方面，员工的专业技术技能不断提高；另一方面，企业的知识资源也得到了不断的更新，企业得以保持整体竞争优势。

2）民营企业"人心管理"构建的路径。

第一，股权激励。股权激励是留住和激励员工的主要手段之一。我国民营企业是股权激励的先行者，通过让员工购买公司股票或赠与员工股票，把员工的利益与企业的利益结合起来，可极大地调动员工的积极性。

第二，目标激励。民营企业中的技术骨干和管理人员，渴望能在企业里得到能力的充分体现，实现自己的职业目标。因此，经常对员工进行职业能力培养显得格外重要。一方面，满足了员工的需要，调动了员工的积极性；另一方面，通过员工能力的不断提升，又为企业创造更大的利润。当员工的个人目标通过工作都有可能实现时，就会对工作产生强大的责任感，不用别人监督就能自觉地把工作搞好。

第三，工作环境激励。良好的工作环境，如适宜的工作场所、得心应手的工作设备和设施、和谐的老板与员工关系等也是影响员工情绪的重要因素。因此，企业应该给员工配备相应的工作条件和工作设备，以满足员工的需要。另外，为了丰富员工的业余生活，企业可以建设一些休闲、娱乐、体育锻炼设施供员工使用，使员工由依附感产生归属感,从而对企业产生家的感觉。

第四,精神激励。目前,许多民营企业开始注意精神激励工作。当员工遇到天灾人祸等巨大困难时,企业积极主动地帮助他们渡过难关,这样,可以使员工感觉到企业的温暖,从而带着感激的心情努力工作。

第五,荣誉和提升激励。荣誉是企业或众人对员工的崇高评价,是满足人的自尊需要、激发人奋力进取的重要手段。从人的动机来看,人人都具有自我肯定、评价、争取荣誉的需要。对于一些工作表现比较突出、具有代表性的先进员工,给予必要的荣誉奖励是很好的精神激励方法。荣誉激励成本低廉,但效果很好。另外,提升激励对表现好、素质高的员工是一种肯定,应将其纳入"能上能下"的动态管理制度,从而激发员工的工作积极性。

第六,负激励。负激励是一种惩罚性控制手段,大多数民营企业都采取这种措施。按照激励中的强化理论,激励可采用处罚方式,即利用带有强制性、威胁性的控制手段,如公开批评、罚款、降级、降薪、淘汰等来创造一种令人不快或带有压力的条件,以否定某些不符合要求的行为。企业可以采取正激励和负激励相结合的原则,对员工进行鞭策管理,督促那些不求上进的员工改正陋习。

2. 中国企业"人才管理"的构建

(1) 东西方管理理论的比较。东方管理的这一视角是与西方管理的"人力资源管理"相对应的。西方的"人力资源管理"是指管理者通过人力资源计划、招聘、选拔、培训和发展、业绩评估、制定工资和福利制度等一系列步骤向组织提供合适人选,并以提高员工的工作技巧和能力,获得最大工作绩效为目的的管理过程。

东方管理的"人才管理"作为人力资源管理,在中国企业中必须将西方的"能力主义"与东方的"伦理道德"有机结合,不仅注意培养企业人才的各种技能,而且必须注意对人才的道德修养的培养,讲求诚信教育。同时,在用人时应注意遵循分类原则、能质能级对应原则、结构优化原则、动态原则、用长原则、容短原则、激励原则等。

(2)"人才管理"的实质内涵。

1)分类原则。分类是古今中外一切用人之道的精华所在,是人才使用的中心原则,对人才的分类可以从知识结构、思维类型、个性特征、性格特征、能力特征等进行分类,从而推选出各种不同类型的人才,满足企业经营中对不同类型人才的需求。对于管理者、领导者来说,在分类中不仅需要他是一个业务上的内行,而且需要他具有一定的领导才干、管理能力。

2)能质能级对应原则。人的能力有大有小,按能级使用人才,也是根据人才的才能,把人放在相应的岗位和职位上去量才使用,这是人才使用和管理的基本原则。能质能级对应的基本思想是:对人才的使用,必须根据人才自身的能质能级,把他们放在与其能质能级要求相应的岗位和职位上。只有这样,才能充分发挥人才的作用。按能质能级使用人才,应体现不同的能质能级有不同的职权、荣誉和物质利益,做到各尽所能,按劳取酬,只有这样,才能"知人",才能"善任"。

3)结构优化原则。这个原则的基本思想是:中国企业在用人过程中应关注企业人才之间配置的最佳状态。要做到最大限度地用好人,获得最佳的人才效益,不仅要在提高每个人才的素质上下工夫,还必须实现企业内部各种人才的最佳组合即在人才结构的优化上下工夫。所谓人才结构优化原则,就是在人才使用中,不仅要实现每个人才与岗位之间的能质能级对应,使个体人才的能力得到有效发挥,还必须着眼于使一个企业、一个部门的各类人才之间的配置及其相互关系趋于最佳状态,从而获得这一人才系统的最大效能。

4)容短原则。能容人是一个领导者必备的品格。容人,并不是说,对下属什么短处都要包容,但在个性气质方面的短处一定要包容。作为领导,对下属个性气质上的弱点要了解,以避免其弱点的消极作用,但要宽容,而不要过于苛求。作为企业用人,不是在寻求圣人、贤人,而是要寻求对企业有用的人。员工中尽管有的人有这样那样的弱点,但只要不危害企业和社会的利益,企业不必过分追究。

5)激励原则。人才管理的激励原则,是指在满足员工的某种需要的基础上，不断激发员工对高目标的追求，从而提高员工的志向和水平，调动其内在的向上奋进的行动动力，使人才的聪明才智得到最有效的发挥，使人才迅速取得工作上的成功，为企业做出更大贡献。

(3) 中国各所有制企业"人才管理"构建的路径。

1) 国有企业"人才管理"构建的路径。

第一，做好人才资源战略规划。国有企业生存和发展的关键是建立和保持一支富有市场竞争力的员工队伍。为此，必须做好人力资源战略规划，即根据本企业发展战略目标进行人力资源需求研究，采用科学的分析方法和调控手段，对企业现在和未来各种人力资源需求进行科学规划。

第二，制定分层次、分系统的人才培训计划。国有企业应当针对不同层次、不同岗位的人才采取分层次、分系统培训，注意吸收国外企业的人才培训经验，整合各级各类教育培训资源，采取多种有效形式，以提高业务素质和创新能力为主要目标，加强对经营管理人员、科技人才、基层员工的培训；要培养一批适应现代化生产方式的高级技术工人。同时，有计划地组织经营管理人员和专业技术人员到国内外知名企业考察学习，培养出适应经济全球化的高级管理人才和技术人才。

第三，建立以绩效为中心的科学评价体系和评价模式。我国国有企业应打破传统的"身份制"管理，推行以劳动合同管理和岗位考核制度，以"工资按岗位定，多少依贡献发"为指导思想，实行定岗定员，将员工的工作绩效和岗位培训、技能鉴定、竞争上岗、末位淘汰结合起来，针对各级各类人员分门别类制定出科学、简便、易行的绩效考核评价体系和评价模式，激发员工的积极性和创造性。

第四，建立企业优胜劣汰的竞争机制。在实行绩效评价的同时，国有企业还应建立起真正的优胜劣汰机制，打破干部工人的界限，实行"能者上、庸者下"，使员工产生工作的动力和压力，落实企业用工自主权，变用工总量直接管理为间接管理，使企业按市场需要优化劳动组织，达到降低企业成本、提高效率和效益的目的。推进有条件的企业实行主辅分离、转岗分流，创办独立核算、自负盈亏的经济实体,安置企业富余人员。

第五,注意人力资源管理与市场对接。人力资源管理与市场对接,意味着国有企业应树立正确的人才流动观,利用市场机制解决员工的"进口"与"出口",将不同层次人才的市场价格信号作为国有企业确定薪酬水平的重要依据,充分利用人才的有效使用期,发挥出最大使用效益。

第六,以发展前景吸引人才。"以发展前景吸引人才"包括两方面内容:一是企业要有发展前景和发展潜力;二是个人在企业内部要有一定的发展空间。国有企业既要规定企业发展的"愿景"目标,以企业的快速发展和宏伟蓝图激励员工努力奋斗,又要创造良好的用人环境,为员工个人的成长和晋升创造条件,把员工个人追求的理想与企业目标结合起来,不断地给员工以工作压力和挑战,不断激发其工作热情,让员工在最能干、知识最有价值的时期发挥出最佳状态,为企业做贡献。

第七,培养"亲和"的组织文化氛围。组织文化是增强企业凝聚力的核心,成功的组织文化能够创造出一种人人受尊重的文化氛围,培养员工的信心和团队精神,激励组织成员为实现自我价值和组织目标而不断进取,因而也是企业能否留住人才的关键。国有企业要树立"爱护人,尊重人"的理念,努力构建企业上下左右良好的沟通系统,增强员工对组织的认同感、归属感和对工作的参与度,这样,才能从根本上留住人才。

2)民营企业"人才管理"构建的路径。

第一,完善企业人力资源管理制度,建立科学的人才选拔机制。人力资源是现代企业的第一资源,企业应该尤其重视对它的开发和利用,把它作为企业的核心问题来抓,把理论和实际相结合,不断完善和发展企业人力资源管理制度。同时,企业在选择人才时,应大胆地选择一些懂管理、善经营的人担当要职,而不是只顾家族式经营,把要职都给一些家族成员,但其又不适合管理位置,这样只会使企业停滞不前,得不到任何创新性的发展。所以,建立科学的人才选拔机制是非常必要的。

第二,注重企业员工培训,提高员工就业能力。在科技日益发达的今天,知识也在不断翻新,这就要求我们积极不断地学习新的知识,跟紧时代步伐;有些企业墨守成规、按部就班地忙于眼前的经营,忽视了对员工的培训和综合素质的提高,致使企业整体素质下降,影响企业在市场上的发展。所以,企业应该重视员工的学习与培训工作,让员工学以致用,提高员工的就业能力,使员工的知识能力适应当前的科学技术和激烈的市场竞争,这样,企业才能长久发展,在市场竞争中立于不败之地。

第三,民营企业家自身应提高素质,改变传统观念,与时俱进。企业家是社会非常宝贵的一种人才,但是,很多民营企业家在提高素质这方面做得远远不够。在此要求民营企业家能够进一步提高自己的素质,具有广阔的胸襟和远大的目光,不断完善自己,加强学习,与时俱进,做到管理上有特色,充分尊重和体现广大员工的人格利益,构建一个和谐的劳资关系,在此基础上积极回报社会,这将使民营企业家的素质在整体上有一个很大的提升。

第四,多种激励方式相结合。在企业发展过程中,要调动员工的积极性,激励机制是不可或缺的,它包括物质激励和精神激励两种,这两种激励缺一不可,只有真正做到物质激励和精神激励两者有机的结合,才能满足员工的需求,从而使员工的积极性得到充分发挥,为了企业发展更好地奉献自己的智慧以及力量,在企业中形成一支稳定、向上的合作团队。

第五,加强企业文化建设,建立企业内部文化的合理机制。企业只有真正拥有自己的文化才能够时刻保持生命力、创造力和凝聚力。这样,企业才能具有更强的生存能力和发展能力,才能更好地为全社会服务。企业只有塑造良好的企业形象和建立企业内部文化的合理机制,才能创造出真正的精品和良好的效益,使企业具备能更好地适应市场急剧变化的能力。

3) 合资企业"人才管理"构建的路径。

第一,加强合资双方相互间的交流与沟通。主要措施有:①企业内确定一种通用语言,以利于直接沟通,同时注重精选高素质的翻译人员，以减少误解。②制定一些行为规范，强调交流中双方应坦诚相对、不回避与对方的不同观点，并尽可能用最简洁明确的语言或符号表达真实的含义，以降低信息的含蓄度。③多使用任务单、备忘录、检测表等，简洁、快速、准确地传递信息。④定期或不定期地举办中外合作问题研讨会，就某些问题进行交流并达成共识。⑤提倡中外合资双方员工之间的友谊与交往，经常组织不同形式、不同层次和不同规模的联谊活动，以促进相互了解与沟通。

第二，创建学习型组织，形成企业员工的共同愿景。建成以员工和企业的命运共同体为特征的企业文化，以灵活、高效、适合企业发展的组织系统为主体，以科学、严谨、规范化的组织制度为保证，形成竞争、协作、和谐的人际关系，约束并激励员工创造最佳的业绩；同时，促使员工生活社会化，交往广泛化，以满足员工多方面的要求，促使他们的全面发展。

第三，认清具体情况，使西方管理工具"中国化"。在引进西方管理理念及管理手段的同时，要深入分析本企业员工的特点，要重视民族文化甚至同一国家内地域文化的差异，辩证地、有选择性地对西方人力资源管理工具加以"中国化"，使中方员工从感情上能够接受。

第四，规范工会实践，充分发挥其协调作用。工会一方面要支持企业实行严格管理，另一方面又要为建立稳定协调的劳资关系而努力。为此，工会力争做到宣传国家的劳动政策、法规，督促外商尊重中国国情，不照搬外资企业的裁员做法，既支持公司董事会决策，又注重职工利益的保护，努力促进劳资双方矛盾的缓解，保障下岗职工的利益。

第五，实行人才本土化策略。推动人才本土化，可以有效降低成本，更好地扩大市场，并获取高额利润；既要保留从母国带来的先进的、优秀的管理模式，又要利用本地人才，找出能够适应本地环境的新的人力资源管理模式，将本地的制约因素降到最低，从而获得合资经营的成功。

第三节　中国企业管理模式的评价指标

由上述中国各所有制企业管理模式可知，作为同宗同根的中国各所有制企业，由于具有共同的中华民族文化特征，管理中深受东方管理文化的影响，在管理中就管理模式而言，具有其相同之处也有其相异之处，但总体而言，中国各所有制企业的管理模式均受到东方管理思想的影响，因此具有相同的管理文化根基。为了更好地把握和科学地评估中国各所有制企业管理模式的异同，我们就上述阐明的中国管理模式设计了一套为定量化的、科学地评估各所有制形态企业的管理模式的有效性所必需的评价指标体系。为此，本节就中国各所有制企业管理模式的评价指标体系进行构建。

一、中国企业管理模式的结构模式评价指标体系

1. 中国企业管理模式中"企业文化"评价指标体系的构建

根据企业文化构成理论中颇具代表性的"企业文化陀螺"理论，对中国企业管理模式中的企业文化进行划分。优秀的企业文化就像高速运转的陀螺，陀螺的转轴代表企业价值体系（精神层），既是企业文化的支柱，也是企业文化运转的动力；陀螺的惯性盘从内到外分别代表企业文化制度层、行为层和物质层。在此，我们以企业文化四个层面为主要基本评价维度，从四个大的方面测评中国各所有制企业企业文化的水平。本书在考虑指标体系完备性的基础上，强调指标的健全性，每个一级指标分别根据关键词下设二级指标（见表4—1），共47项关键词下设二级指标（二级指标设置依据请参见本书第五章第二节内容）。由此得到综合评价因素集 $U = \{U[,1], U[,2], U[,3], U[,4]\}$。

表 4-1 中国企业"企业文化"评价指标体系及其含义

一级指标及符号		二级指标及符号		指标含义
企业价值体系	U_1	义利并举	U_{11}	社会利益与企业利益并举
		育人	U_{12}	为提高员工工作能力对其进行很好的培训
		服务	U_{13}	在为企业工作的同时也是在为社会谋福利
		社会责任	U_{14}	企业对社会有不可推卸的责任
		平等	U_{15}	企业中人人平等
		民主	U_{16}	企业内可自由发表自己的意见
		幸福	U_{17}	在工作的同时具有幸福感
		忠诚	U_{18}	员工对企业保持绝对的忠诚
		以情为本	U_{19}	企业在管理中富有人情味
		利润	U_{110}	企业的主要目的是为了获取利润
		互赢互利	U_{111}	企业在市场竞争中与竞争对手建立互赢互利的关系
		关爱与安全	U_{112}	企业非常注重员工的生命安全
		和谐	U_{113}	企业内部各阶层之间保持和谐的关系
		可持续发展	U_{114}	企业的发展具有可持续性
		合理个人利益	U_{115}	个人保持合理的利益是必要的
行为体系	U_2	勤学	U_{21}	员工在工作中有很多东西需要学习
		勤奋	U_{22}	员工在工作中非常勤奋
		守时	U_{23}	员工在工作中非常守时
		敬业	U_{24}	员工对工作非常敬业
		信誉	U_{25}	信誉对每一位员工非常重要
		守法	U_{26}	员工非常遵守法律及规章制度
		自我超越	U_{27}	员工在工作中具有自我超越的动力
		自律	U_{28}	员工即使一个人独处仍能严格要求自己
		行善	U_{29}	企业中提倡乐意助人的风气
		环境保护	U_{210}	企业必须对环境进行保护

续表

一级指标及符号		二级指标及符号		指标含义
行为体系	U_2	尊重	U_{211}	企业中的每个人都互相尊重
		精确	U_{212}	企业中的每个人对工作都做到精益求精
		关系	U_{213}	企业中人际关系的融洽是非常重要的
		求新求变	U_{214}	变革对于企业发展来说事关重要
		自强团结	U_{215}	企业中每个员工都非常团结和自强
		管理高效	U_{216}	企业中的管理非常高效
		注重品质	U_{217}	企业中的每位员工都具有良好的品质
		凝聚力	U_{218}	企业全体员工具有很强的凝聚力
		风险	U_{219}	企业中的每位员工都勇于承担风险
物质体系	U_3	生产环境	U_{31}	具有舒适的工作场所
		照明	U_{32}	工作场所照明条件非常好
		绿化	U_{33}	厂区内绿化非常好
		音乐	U_{34}	工作时有背景音乐
		工作服装	U_{35}	有非常舒适的工作服
		设备	U_{36}	企业内的设备非常先进
制度体系	U_4	厂纪厂规	U_{41}	企业制定了各项规章制度
		奖善惩恶	U_{42}	企业根据员工的表现及时给予奖惩
		集权	U_{43}	企业的管理权主要集中在总经理手中
		人治	U_{44}	企业内人情比规章制度重要
		法人治理结构	U_{45}	企业内部建立了法人治理结构
		沟通机制	U_{46}	企业内有非常好的上下级沟通渠道
		员工建议制度	U_{47}	企业内建立了非常好的员工建议制度

2. 中国企业管理模式中"人道管理"评价指标体系的构建

在"人道管理"评价指标体系的构建中，我们以苏东水有关"人道管理"的相关影响因素，如人格、权威、责任、天道、风格、智慧、能力、品质八个维度作为最基本的评价维度，从八个大的方面测评中国各所有制企业"人道管理"的管理水平。本书在考虑指标体系完备性的基础上，强调指标的健全性，每个一级指标分别根据关键词下设二级指标（见表4-2），共39项关键词下设二级指标（二级指标设置依据请参见本书第五章第二节内容）。由此得到综合评价因素集 U = {U[,1], U[,2], U[,3], U[,4], U[,5], U[,6], U[,7], U[,8]}。

表4-2 中国企业"人道管理"评价指标体系及其含义

一级指标及符号		二级指标及符号		指标含义
人格	U_1	进取	U_{11}	企业领导具有进取心
		自律	U_{12}	企业领导对自己要求非常严格
		道德修养	U_{13}	企业领导非常注重自己的道德品行
		诚实	U_{14}	企业领导为人很诚实
		正直	U_{15}	企业领导做人做事非常正直
		自信	U_{16}	企业领导在工作中非常自信
		勇气	U_{17}	企业领导从不畏惧工作中的困难
		公正	U_{18}	企业领导能不分亲近远疏公正地处理各种纠纷
权威	U_2	集权	U_{21}	企业领导在工作中无论事情大小都是自己一把抓
		等级森严	U_{22}	企业内部上下级之间等级分明
		雇佣与解聘	U_{23}	企业内无论是雇佣还是解聘只有总经理才能决定
责任	U_3	社会责任	U_{31}	企业对社会具有不可推卸的责任
		企业责任	U_{32}	企业领导对企业的利益非常负责
		员工责任	U_{33}	企业领导对每一位员工都非常负责
天道	U_4	员工福利	U_{41}	企业领导非常关注员工的各种福利
		信赖下属	U_{42}	企业领导在工作中非常信赖下属
		尊重下属	U_{43}	企业领导对每位员工都非常尊重
		鼓励员工	U_{44}	企业领导经常鼓励员工克服工作中的困难
		寄予厚望	U_{45}	企业领导对员工提出卓越、高质量的绩效期望
		智能激发	U_{46}	企业领导对员工经常就知识的获得给予激励

续表

一级指标及符号		二级指标及符号		指标含义
风格	U_5	稳健	U_{51}	企业领导工作作风稳健
		创新	U_{52}	企业领导在管理中富有创新精神
		仁爱	U_{53}	企业领导对待员工和蔼可亲
		和谐	U_{54}	企业领导在工作中不喜欢拉帮结派
		任务导向	U_{55}	企业领导在管理中以完成任务为首要目标
		关系导向	U_{56}	企业领导非常注意员工人际关系的和谐
		成就导向	U_{57}	企业领导在管理中设定挑战性目标让员工达到
		参与导向	U_{58}	企业领导在管理中非常注重让下属参与决策
智慧	U_6	丰富的知识	U_{61}	企业领导具有丰富的管理知识及技术知识
		学习能力	U_{62}	企业领导具有很强的学习能力
		灵活多变	U_{63}	企业领导根据市场变化具有灵活多变的决策
能力	U_7	洞察力	U_{71}	企业领导对未来具有很强的洞察力
		决策力	U_{72}	企业领导具有很强的决策力
		执行力	U_{73}	企业中的管理者具有很强的执行力
		应对力	U_{74}	企业领导对于管理中的各种变局具有很强的应对能力
品质	U_8	忠贞于党	U_{81}	企业领导对共产党非常忠诚
		笃学善思	U_{82}	企业领导非常善于学习和思考
		德才兼备	U_{83}	企业领导德才兼备
		淡泊明志	U_{84}	企业领导对于个人的名誉和利益很淡定但志向高远

3. 中国企业管理模式中"人缘管理"评价指标体系的构建

在"人缘管理"评价指标体系的构建中,我们以苏东水有关"人缘管理"的相关影响因素,如安人、中庸、五缘、情理法、无为而治、沟通、学习型、团队、文化九个维度作为最基本的评价维度,从九个大的方面测评中国各所有制企业"人缘管理"的管理水平。本书在考虑指标体系完备性的基础上,强调指标的健全性,每个一级指标分别根据关键词下设二级指标(见表4-3),共38项关键词下设二级指标（二级指标设置依据请参见本书第五章第二节内容）。由此得到综合评价因素集 U= {U[,1], U[,2], U[,3], U[,4], U[,5], U[,6], U[,7], U[,8], U[,9]}。

表4—3 中国企业"人缘管理"评价指标体系及其含义

一级指标及符号		二级指标及符号		指标含义
安人	U_1	服从	U_{11}	员工服从于上级下达的各项指令
		敬佩	U_{12}	员工对企业领导的能力非常敬佩
		依赖	U_{13}	员工在工作中非常依赖管理者的指导
		亲近	U_{14}	企业领导与员工的关系非常亲近
		以身作则	U_{15}	企业领导能以身作则
		博学	U_{16}	企业领导的知识非常渊博
		和德	U_{17}	企业领导非常重视企业内部员工的团结
		信德	U_{18}	企业领导在工作中说到做到
中庸	U_2	合理性	U_{21}	企业领导在处理各项事务时具有很大的合理性
		适度	U_{22}	企业领导在处理各种矛盾时一贯表现适度
		和谐	U_{23}	企业领导在处理员工的冲突时以和谐为宗旨
五缘	U_3	亲缘	U_{31}	企业在任用管理人员时讲求亲情
		地缘	U_{32}	企业中无论是领导还是员工都非常重乡情
		文缘	U_{33}	企业任命管理人员时非常重视同学关系
		商缘	U_{34}	企业与其他企业的业务关系非常融洽
		神缘	U_{35}	企业中具有相同宗教信仰的人员之间更好相处
情理法	U_4	感情	U_{41}	企业领导在处理各类问题时常常动之以情
		遵章守法	U_{42}	企业领导在处理各类问题时能严格照章办事
		理智	U_{43}	企业领导在处理各类突发事件时表现得非常理智
无为而治	U_5	民主	U_{51}	企业领导经常到员工中去听取各方意见
		自律	U_{52}	企业中无论是领导还是员工都能自觉地遵章守法

续表

一级指标及符号		二级指标及符号		指标含义
沟通	U_6	上传下达	U_{61}	企业领导的各项指示能顺利地传达给各级员工
		下传上达	U_{62}	企业内员工的意见能顺利地上传给企业领导
学习型	U_7	信息	U_{71}	企业内部的各种信息在各个层面迅速地得以传达
		学习机会	U_{72}	企业领导非常重视向员工提供各种学习机会
		学习能力	U_{73}	企业员工之间能相互学习
		分享	U_{74}	企业员工能经常共享各自学到的知识
		透明度	U_{75}	企业内的专业知识每位员工都能学到
团队	U_8	激励	U_{81}	企业员工都有为团队荣誉共同努力的愿望
		协同	U_{82}	企业员工在工作中能互相协同增加生产率
		归属感	U_{83}	企业员工在团队中有一种归属感
		共同目标	U_{84}	企业员工在工作中有着共同的努力目标
		跨功能性	U_{85}	企业内的员工各有所长
		灵活性	U_{86}	企业能灵活地应对外部环境的压力提高生存能力
		自主性	U_{87}	企业员工多主动承担各种责任
文化	U_9	文化导向	U_{91}	企业文化在企业中具有很强的导向性
		凝聚力	U_{92}	企业文化在企业中具有很强的凝聚力
		规范与协调	U_{93}	企业文化在企业中起到了很好的规范与协调作用

4. 中国企业管理模式中"人谋管理"评价指标体系的构建

在"人谋管理"评价指标体系的构建中，我们以苏东水有关"人谋管理"的相关影响因素，如团队、谋略、创新、系统性、科学性、信息情报、战略联盟七个维度作为最基本的评价维度，从七个大的方面测评中国各所有制企业"人谋管理"的管理水平。本书在考虑指标体系完备性的基础上，强调指标的健全性，每个一级指标分别根据关键词下设二级指标（见表4—4），共27项关键词下设二级指标（二级指标设置依据请参见本书第五章第二节内容）。由此得到综合评价因素集 U＝ {U [，1]，U [，2]，U [，3]，U [，4]，U [，5]，U [，6]，U [，7]}。

表 4-4　中国企业"人谋管理"评价指标体系及其含义

一级指标及符号		二级指标及符号		指标含义
团队	U_1	集思广益	U_{11}	企业领导在做战略决策时非常注重听取下属的建议
		智囊团	U_{12}	企业常常依靠智囊团来做战略决策
谋略	U_2	远见	U_{21}	企业高层许多决策非常有远见
		智慧	U_{22}	企业高层许多决策非常明智
		顾客价值最大化	U_{23}	企业的市场营销是以顾客价值最大化为宗旨
		社会价值最大化	U_{24}	企业经营是以社会价值最大化为目标
		股东、员工价值最大化	U_{25}	企业非常重视股东和员工的价值最大化
		多元化	U_{26}	企业在经营中非常注重多元化经营
		谋定而后动	U_{27}	企业在经营战略中非常注重先谋而后动
		价值链定位	U_{28}	企业在战略决策中非常注重企业的价值链定位
创新	U_3	打破常规	U_{31}	企业的许多决策常常是打破常规的
		洞察力	U_{32}	企业高层对市场具有很强的洞察力
		想象力	U_{33}	企业管理层在做各种策划时非常有想象力
		预见力	U_{34}	企业高层对市场具有很强的预见性
系统性	U_4	收集信息	U_{41}	企业在做出战略决策时非常重视信息的收集
		做出计划	U_{42}	企业非常注重计划的制定和执行
		制定策略	U_{43}	企业的战略决策需要通过制定策略来实现
科学性	U_5	预测	U_{51}	企业在做战略决策时对未来市场的预测是非常必要的
		预算	U_{52}	企业在经营活动中进行预算是必须的
		定量分析	U_{53}	企业在做计划或预算时必须进行定量分析
信息情报	U_6	高效	U_{61}	企业在制定战略时信息的高效收集是非常必要的
		灵敏	U_{62}	企业在制定战略时关注信息的灵敏度是非常必要的
		准确	U_{63}	企业在制定战略时信息情报的准确性是非常重要的

续表

一级指标及符号		二级指标及符号		指标含义
战略联盟	U_7	收益对称	U_{71}	企业在与其他企业联盟时收益应该是对称的
		风险共担	U_{72}	企业在与其他企业联盟时应共担风险
		核心竞争力提升	U_{73}	企业通过和其他企业联盟能提升核心竞争力
		外部适应力	U_{74}	企业与其他企业联盟后能提高外部市场的适应力

二、中国企业管理模式的支撑模式评价指标体系

1. 中国企业管理模式中"人心管理"评价指标体系的构建

在"人心管理"评价指标体系的构建中,我们以苏东水有关"人心管理"的相关影响因素,如他化激励、主体激励、相互激励三个维度作为最基本的评价维度,从三个大的方面测评中国各所有制企业"人心管理"的管理水平。本书在考虑指标体系完备性的基础上,强调指标的健全性,每个一级指标分别根据关键词下设二级指标(见表4—5),共39项关键词下设二级指标(二级指标设置依据请参见本书第五章第二节内容)。由此得到综合评价因素集U= {U [,1], U [,2], U [,3]}。

表4—5 中国企业"人心管理"评价指标体系及其含义

一级指标及符号		二级指标及符号		指标含义
他化激励	U_1	提薪(物质)	U_{11}	企业为工作有成绩的员工加工资
		发奖金(物质)	U_{12}	企业为工作出色的员工发奖金
		提高福利(物质)	U_{13}	企业经营情况好会提高员工的福利
		发商品(物质)	U_{14}	企业在节假日发一些商品给员工
		休假(物质)	U_{15}	企业非常重视每年给员工一定的休假
		培训(物质)	U_{16}	企业会给表现突出的员工提供各种培训机会

续表

一级指标及符号		二级指标及符号		指标含义
他化激励	U_1	表扬（精神）	U_{17}	企业领导非常注重表扬工作出色的员工
		荣誉（精神）	U_{18}	贡献突出的员工可以得到令人羡慕的荣誉
		晋级	U_{19}	员工出色完成工作任务后可得到企业的晋级
		关怀	U_{110}	员工工作出色会得到领导更多的关怀
		目标激励	U_{111}	企业领导经常会提出一些新的目标激励员工
		宽容	U_{112}	企业领导对员工工作中的出错给予宽容和理解
		股权	U_{113}	企业对工作出色的员工给予股权奖励
		心理契约	U_{114}	企业与员工有一种心理契约承诺员工的工作
		环境	U_{115}	员工出色的工作会带来工作环境的改善
		事业	U_{116}	员工出色的工作会给其事业发展带来很大的影响
		授权	U_{117}	企业对工作出色的员工授权给予自主工作
主体激励	U_2	努力	U_{21}	企业领导只有自己努力了才能影响员工共同努力
		公正	U_{22}	企业领导只有公正对待员工才能管好员工
		效率	U_{23}	企业领导只有自己工作保持高效率才能要求员工高效率工作
		仁爱	U_{24}	企业领导只有关爱员工才能更好地激励员工
		民主	U_{25}	企业领导应多听取下级管理人员及员工的意见
		责任	U_{26}	企业领导必须在工作中保持高度的责任心
		自律	U_{27}	企业领导在任何时候、任何地点都应保持高度的自觉性
		明察	U_{28}	企业领导在工作中明察是非、解决矛盾是必须的
		勤勉	U_{29}	企业领导只有自身勤勉才能带动员工勤奋工作
		清正廉洁	U_{210}	企业领导在工作中清正廉洁才能带来企业的好风气
		自我价值	U_{211}	企业领导只有对管理参与其中才能实现自我价值
		情感	U_{212}	企业领导只有真诚对待员工才会得到员工的以情相报

续表

一级指标及符号		二级指标及符号		指标含义
相互激励	U_3	积极进取	U_{31}	员工工作积极进取一定能得到领导的更多关注
		精确	U_{32}	员工在工作中注重质量一定能得到领导的更多关注
		忠诚	U_{33}	员工对企业的忠诚会使企业领导感到责任重大
		自强	U_{34}	员工对自己严格要求一定会激励企业领导发奋工作
		友好	U_{35}	企业领导在工作中态度友好能更激发员工的工作热情
		信任	U_{36}	企业领导充分信任员工能更激发员工的工作热情
		尊重	U_{37}	企业领导尊重员工能激发员工的工作热情
		民主	U_{38}	企业领导让员工发表自己的意见能激发员工的工作热情
		公正	U_{39}	企业领导处理矛盾越公正越能激发员工的工作热情
		休戚相关	U_{310}	企业领导与员工同甘苦共患难能更激发员工的工作热情

2. 中国企业管理模式中"人才管理"评价指标体系的构建

在"人才管理"评价指标体系的构建中,我们以苏东水有关"人才管理"的相关影响因素,如分类原则、能质能级对应、容短原则、激励原则、用人标准、人才机制、培训、人才成长、绩效、人本管理十个维度作为最基本的评价维度,从十个大的方面测评中国各所有制企业"人才管理"的管理水平。本书在考虑指标体系完备性的基础上,强调指标的健全性,每个一级指标分别根据关键词下设二级指标(见表4—6),共48项关键词下设二级指标(二级指标设置依据请参见本书第五章第二节内容)。由此得到综合评价因素集 U＝{U[,1], U[,2], U[,3], U[,4], U[,5], U[,6], U[,7], U[,8], U[,9], U[,10]}。

表4-6 中国企业"人才管理"评价指标体系及其含义

一级指标及符号		二级指标及符号		指标含义
分类原则	U_1	用人唯贤	U_{11}	只要员工有能力企业一定会重用
		量才使用	U_{12}	企业对每一位员工做到人尽其用
		结构优化原则	U_{13}	企业管理人员与技术人员配置非常合理
		动态原则	U_{14}	企业在用人时能根据需要不断地进行调整
能质能级对应	U_2	知人善任	U_{21}	企业领导非常善于使用人才
		放权	U_{22}	员工在工作中有充分的权力处理自己的工作
		民主参与	U_{23}	员工能凭借自己的实力参与企业的管理工作
容短原则	U_3	用人气度	U_{31}	员工即使能力不强也能被安排适宜的工作
		失误淡化	U_{32}	企业领导对于员工工作中的失误不会过于追究
		包容	U_{33}	员工即使有明显的缺点仍能受到领导的尊重
激励原则	U_4	赞赏	U_{41}	员工的才能一定会受到领导的赞赏
		情感激励	U_{42}	员工工作出色企业领导会显得非常亲近
		制度激励	U_{43}	企业用人制度是只要员工有能力就能得到培训的机会
		企业文化	U_{44}	企业价值观及经营理念对员工起到很大的激励作用
		经济利益	U_{45}	企业对工作出色的员工会给予经济方面的激励
		事业	U_{46}	员工工作出色对其事业的发展很有益处
用人标准	U_5	德行操守	U_{51}	企业用人时首先考察的是员工的德行操守
		忠诚	U_{52}	企业重用员工时非常注重其对企业的忠诚
		能力	U_{53}	企业用人时非常注重员工的工作能力
		智慧	U_{54}	企业用人时聪明才智是考核的一项指标
		毅力	U_{55}	企业用人时非常注重员工是否有坚强的毅力
		远见卓识	U_{56}	企业用人时远见卓识成为选拔人才的一项指标
		公正性	U_{57}	企业在选拔人才时非常讲求公正
		科学性	U_{58}	企业在招聘人才时会做心理测试
		事业心	U_{59}	企业非常看重有事业心的员工
		专业技术特长	U_{510}	企业在选拔人才时非常关注其专业技术特长

续表

一级指标及符号		二级指标及符号		指标含义
人才机制	U_6	制度环境	U_{61}	企业在选拔人才时具有明确的发展战略
		政策环境	U_{62}	企业有明确的用人政策
		聚才环境	U_{63}	企业对人才选拔的制度具有很强的凝聚力
		用人环境	U_{64}	企业在用人时确实做到了人岗相宜
		育才环境	U_{65}	企业非常注重培养创新人才
培训	U_7	基本技能培训	U_{71}	企业非常重视员工的基本技能培训
		岗位培训	U_{72}	企业非常重视员工的岗位培训
		专业培训	U_{73}	企业非常重视员工的专业培训
		学历培训	U_{74}	企业非常重视员工的学历培训
人才成长	U_8	进修	U_{81}	企业很关注员工出去进修
		晋升	U_{82}	企业对优秀员工进行晋升
		轮岗培训	U_{83}	企业对员工进行轮岗培训
		选拔	U_{84}	企业注重选拔有事业心的员工
		淘汰	U_{85}	企业对工作不出色的员工采取淘汰制
绩效	U_9	计划	U_{91}	企业领导每年都会和员工商讨下一年的工作目标和任务
		沟通	U_{92}	企业人事部门非常重视与员工进行沟通
		评价	U_{93}	企业对每位员工都进行每年的绩效评价
		诊断与辅导	U_{94}	企业人事部门对每一位员工的工作作出诊断并进行辅导
人本管理	U_{10}	群体精神	U_{101}	企业非常注重培养员工的群体精神
		人生观	U_{102}	企业为员工树立了明确的人生观
		职业道德	U_{103}	企业非常重视员工职业道德的培养
		权利与利益	U_{104}	企业非常重视保障员工的基本权利和利益

三、中国企业管理模式的管理绩效评价指标体系

巫景飞在进行企业战略绩效理论研究中,对企业管理绩效的影响

因素从十个维度进行了阐述，即在"管理绩效"评价指标体系的构建中，以目标达成度、联盟信任的达成度、声誉达成度、获利能力、企业成长率、各功能部门绩效达成度、联盟相似度、创新、系统性及战略伙伴十个维度作为最基本的评价维度，从十个大的方面测评中国各所有制企业"管理绩效"的管理水平。本书在考虑指标体系完备性的基础上，强调指标的健全性，每个一级指标分别根据关键词下设二级指标（见表4-7），共38项关键词下设二级指标（二级指标设置依据请参见本书第五章第二节内容）。由此得到综合评价因素集U={U[,1], U[,2], U[,3], U[,4], U[,5], U[,6], U[,7], U[,8], U[,9], U[,10]}。

表4-7 中国企业"管理绩效"评价指标体系及其含义

一级指标及符号		二级指标及符号		指标含义
目标达成度	U_1	市场	U_{11}	企业一直保持较高的市场满意度
		人才	U_{12}	企业的人力资源得到了最优化的配置
		研发	U_{13}	企业一直保持较强的研发能力
		发展	U_{14}	企业一直处于稳步发展之中
		管理目标	U_{15}	企业管理目标的达成一直是比较理想的
联盟信任的达成度	U_2	诚信可靠	U_{21}	企业与供应商的联盟双方都能保持诚信可靠
		相互尊重	U_{22}	企业和其他企业联盟后能尊重对方的意见和建议
		顾及双方利益	U_{23}	企业和其他企业联盟后能相互顾及对方的利益
声誉达成度	U_3	产品质量	U_{31}	企业产品在市场上一直是可信的
		高层管理水平	U_{32}	企业高层一直保持较高的管理水平
		高层道德水平	U_{33}	企业高层的道德水平一直是良好的
获利能力	U_4	销售额	U_{41}	企业的市场销售额一直稳步上升
		利润	U_{42}	企业一直保持较高的利润
		净资产收益率	U_{43}	企业一直保持较高的净资产收益率
		投资收益率	U_{44}	企业的投资收益率一直保持较高的水平

续表

一级指标及符号		二级指标及符号		指标含义
企业成长率	U_5	企业规模	U_{51}	企业的固定资产得到持续扩大,如厂房、设备等
		员工人数	U_{52}	企业的员工人数一直持续增加
各功能部门绩效达成度	U_6	计划与组织管理	U_{61}	企业非常注重计划的实施
		目标管理	U_{62}	企业能按既定目标进行管理
		管理控制	U_{63}	企业能有效协调各方工作关系控制组织目标实现
		管理决策	U_{64}	企业的管理决策一直是非常有效的
		管理沟通	U_{65}	企业非常注重各部门之间的沟通和合作
联盟相似度	U_7	企业文化与价值	U_{71}	企业和其他企业联盟后企业文化和价值观基本融为一体
		企业发展思路	U_{72}	企业和其他企业联盟后发展思路非常相似
创新	U_8	产品创新	U_{81}	企业在产品创新方面一直保持良好的状态
		管理创新	U_{82}	企业在管理方法方面一直在不断地进行创新
		技术创新	U_{83}	企业在技术创新方面取得了很大的成绩
系统性	U_9	市场份额	U_{91}	企业在市场营销中一直保持较高的市场份额
		收入稳定性	U_{92}	员工的收入一直比较稳定
		员工旷工率	U_{93}	员工的旷工率一直比较低
		资金周转率	U_{94}	企业资金周转率一直比较快
		研发费用的增长	U_{95}	企业的研发费用一直稳步增长
		员工满意度	U_{96}	员工对企业的管理一直比较满意
战略伙伴	U_{10}	投资者	U_{101}	投资者对企业的盈利能力非常满意
		债权人	U_{102}	企业的还贷能力非常强
		顾客	U_{103}	顾客对企业的产品和服务非常满意
		政府部门	U_{104}	企业在生产中经常考虑政府的综合效益
		劳工组织	U_{105}	劳工组织对企业的经营管理非常满意

第五章 研究方法

第一节 研究对象及数据来源

在研究目标的指引下，本书的研究将分别对中国国有企业、民营企业和中外合资企业的管理模式中具有独特资源优势的东方管理进行探索和实证分析，构筑以东方管理为背景的中国企业管理模式，探索与中国企业管理和发展需求更为适用、更加匹配的管理模式，以提升中国企业的国际竞争力。

一、研究对象

本章以中国国有企业、民营企业和中外合资企业的管理模式为研究对象，运用东方管理分析方法，分析中国国有企业、民营企业和中外合资企业各自的管理特征及趋同，实证这些企业所具有的专有的、不能被模仿和替代的企业管理竞争优势。

通过建立与中国人心理、文化相吻合的管理模式评价指标体系，对以"人道管理、人谋管理、人心管理、人才管理、人缘管理"为主要内容的东方管理模式进行深度调研、实证检验，定量分析中国国有企业、民营企业和中外合资企业所具有的含各种东方管理文化特质的管理模式对企业战略绩效产生的影响，创新性地构建中国国有企业、民营企业和中外合资企业的管理模式，向政府、行会及企业提供切实可行的实施方案和建议。

二、数据来源

按照研究目标的要求，本实证分析主要以中国国有企业、民营企业和中外合资企业为基本研究范围。为了能够比较真实地反映这些企业所各自具有的东方管理的不同特质，并使样本选取更具有代表性，我们得到了上海市、山东省、福建省、江苏省各相关行业协会、各省市的相关高新技术产业园区等机构的大力协助，事先调研、分析了这些地区的国有企业、民营企业和中外合资企业发展的详细情况，有计划、有目标地从国有企业、民营企业和中外合资企业相对集中的地区获取样本企业，对具体样本企业的选择，以上述协助机构所提供的相关信息资料为基准，采取随机抽样的方式，对各行业、各不同所有制企业进行调研并做问卷调查。

本研究的实证分析由于调研、问卷对象横跨多个省市和行业，又由于对调研、问卷企业进行的是随机抽样，因而，就中国各所有制企业管理模式的演绎而言，具有较大的代表性。

第二节　问卷设计

一、问卷目标

通过第四章所阐述的中国国有企业、民营企业和中外合资企业管理模式评价指标体系的构建，以中国各所有制企业管理模式的结构模式评价指标体系、中国各所有制企业管理模式的支撑模式评价指标体系、中国各所有制企业管理模式的管理绩效评价指标体系为主要内容，从横截面分析、比较中国国有企业、民营企业和中外合资企业的管理特征及演绎规律，揭示东方管理对中国各所有制企业所产生的影响以及国有企业、民营企业和中外合资企业在管理模式上的趋同点。同时，通过实证分析，探索中国国有企业、民营企业和中外合资企业未来管理模式的发展趋势。

二、问卷对象

本研究分别从上海市、山东省、福建省、江苏省等多个省市随机抽样选取问卷对象，这些问卷对象横跨生物医药产业、批发和零售产业、金融产业、房地产业、汽车产业、航天航空产业、家电产业等多个行业，其中，国有企业7家、民营企业9家、中外合资企业9家，每个企业被试对象为：一般员工20人、基层管理者10人、中层管理者5人、高层管理者1人。共发放问卷900份，其中，国有企业发放252份、民营企业发放324份、中外合资企业发放324份。国有企业回收问卷231份、民营企业回收问卷318份、中外合资企业回收问卷305份，有效问卷回收率国有企业为92%、民营企业为98%、中外合资企业为94%。本研究中各相关变量均采用Likert五点尺度计分法，根据设计问题的感受程度不同，分为"没有"（1分）至"很强烈"（5分），以核计其卷面分数。表5-1为问卷样本人口及组织统计学特征变量的分布情况。

表5-1　问卷样本人口及组织统计学特征变量分布总览（854人）

	分类	人数	百分比（%）
年龄	25岁以下	221	25.9
	25~35岁	294	34.4
	36~45岁	201	23.5
	46岁以上	138	16.2
性别	男	497	58.2
	女	357	41.8

续表

	分类	人数	百分比（%）
教育程度	高中以下	78	9.1
	高中/中专	256	30.0
	大专	315	36.9
	本科	184	21.5
	研究生	21	2.5
企业所有制	国有企业	231	27.0
	民营企业	318	37.3
	中外合资企业	305	35.7
职级	一般员工	473	55.4
	基层管理者	234	27.4
	中层管理者	122	14.3
	高层管理者	25	2.9
所属企业行业性质	生物医药产业	132	15.5
	批发和零售业	98	11.5
	房地产业	128	15.0
	金融产业	78	9.1
	航天航空产业	96	11.2
	汽车产业	189	22.1
	家电产业	133	15.6
所属企业地理分布	上海市	249	29.2
	山东省	179	21.0
	浙江省	205	24.0
	江苏省	221	25.8

三、问卷变量的选择

根据本研究的目标，在设计问卷变量时分为三大部分：第一部分是中国企业管理模式的结构模式评价指标体系,第二部分是中国企业管理模式的支撑模式评价指标体系,第三部分是中国企业管理模式的管理绩效评价指标体系。有关这三类评价指标体系的一级指标我们在第四章已详细阐述,本节主要解释评价指标体系的二级指标的构建。

1. 中国企业管理模式的结构模式评价指标体系的构成

在中国企业管理模式的结构模式评价指标体系构建中,主要以国有企业、民营企业和中外合资企业所共有的东方管理特征为研究路径,以"企业文化"、"人道管理"、"人缘管理"、"人谋管理"为主要研究内容,构建了四个评价指标体系,其具体变量在本书的第四章已做了一定的阐述,本节主要揭示这一评价指标体系中一级指标与二级指标形成的依据和过程。

(1)"企业文化"评价指标的构成。在第四章中,本书已介绍的有关中国企业"企业文化"评价指标体系中的一级指标主要来自企业文化构成理论中颇具代表性的"企业文化陀螺"理论,这一理论阐述了企业文化从内到外基本上可分为企业价值体系、行为体系、物质体系和制度体系。为此,我们将这四个层面的内容设计为一级指标,搜索了15家国有企业、20家民营企业和23家中外合资企业网站,获得了由各省市行业协会提供的相关资料,收集了与企业文化精神层面、制度体系、行为体系和物质体系内容相吻合的词条218个;同时,我们请了7位分别来自高校、咨询机构及研究机构的资深教授、专家对所收集的词条进行归类,剔除具有重复性内涵的词条47个,然后将其余171个词条进一步归类和内涵提炼,得出二级指标47项,即"企业价值体系"一级指标包含了"义利并举"、"育人"、"服务"、"社会责任"、"平等"、"民主"、"幸福"、"忠诚"、"以情为本"、"利润"、"互赢互利"、"关爱与安全"、"和谐"、"可持续发展"、"合理个人利益"这15项二级指标。"行为体系"一级指标包含了"勤学"、"勤奋"、"守时"、"敬业"、"信誉"、"守法"、"自我超越"、"自律"、"行善"、"环境保护"、"尊重"、"精确"、"关系"、"求新求变"、"自强团结"、"管理高效"、"注重品质"、"凝聚力"、"风险"这19项二级指标。"物质体系"一级指标包含了"生产环境"、"照明"、"绿化"、"音乐"、"工作服装"、"设备"这6项二级指标。"制度体系"一级指标包含了"厂纪厂规"、"奖善惩恶"、"集权"、"人治"、"法人治理结构"、"沟通机制"、"员工建议制度"这7项二级指标。

（2）"人道管理"评价指标的构成。在"人道管理"评价指标体系的构成中，我们主要分以下两个阶段进行：

第一阶段，我们分别深度访谈了5家国有企业、4家民营企业和6家中外合资企业的高层管理者，通过开放式的访谈和问卷，总结、归纳出与"人道管理"相符合的词条主要为人格、权威、责任、天道、风格、智慧、能力、品质8个影响因素，并以此作为评价指标体系中的一级指标进行设计。

第二阶段，我们在访谈中发现，"人道管理"的具体内涵可与西方管理理论中的"领导、指挥"相对应。在此基础上我们搜索了15家国有企业、20家民营企业和23家中外合资企业网站，获得了167个与人格、权威、责任、天道、风格、智慧、能力、品质内容较吻合又能对应于"领导、指挥"的词条；为此，我们请了7位分别来自高校、咨询机构及研究机构的资深教授、专家对所收集的词条进行归类，在此过程中，专家剔除了56条具有重复性内涵的词条，然后将其余111个词条进行进一步归类和内涵提炼，得出二级指标39项，即"人格"一级指标包含了"进取"、"自律"、"道德修养"、"诚实"、"正直"、"自信"、"勇气"、"公正"这8项二级指标。"权威"一级指标包含了"集权"、"等级森严"、"雇佣与解聘"这3项二级指标。"责任"一级指标包含了"社会责任"、"企业责任"、"员工责任"这3项二级指标。"天道"一级指标包含了"员工福利"、"信赖下属"、"尊重下属"、"鼓励员工"、"寄予厚望"、"智能激发"这6项二级指标。"风格"一级指标包含了"稳健"、"创新"、"仁爱"、"和谐"、"任务导向"、"关系导向"、"成就导向"、"参与导向"这8项二级指标。"智慧"一级指标包含了"丰富的知识"、"学习能力"、"灵活多变"这3项二级指标。"能力"一级指标包含了"洞察力"、"决策力"、"执行力"、"应对力"这4项二级指标。"品质"一级指标包含了"忠贞于党"、"笃学善思"、"德才兼备"、"淡泊明志"这4项二级指标。

(3)"人缘管理"评价指标的构成。在"人缘管理"评价指标体系的构成中,我们主要分以下两个阶段进行:

第一阶段,我们分别深度访谈了5家国有企业、4家民营企业和6家中外合资企业的高层管理者,通过开放式的访谈和问卷,总结、归纳出与"人缘管理"相符合的词条主要为安人、中庸、五缘、情理法、无为而治、沟通、学习型、团队、文化9个影响因素,并以此作为评价指标体系中的一级指标进行设计。

第二阶段,我们在访谈中发现,"人缘管理"的具体内涵可与西方管理理论中的"组织"相对应。在此基础上我们搜索了15家国有企业、20家民营企业和23家中外合资企业网站,获得了158个与安人、中庸、五缘、情理法、无为而治、沟通、学习型、团队、文化内容较吻合又能对应于"组织"的词条;为此,我们请了7位分别来自高校、咨询机构及研究机构的资深教授、专家对所收集的词条进行归类,在此过程中,专家剔除了49条具有重复性内涵的词条,然后将其余109个词条进行进一步归类和内涵提炼,得出二级指标38项,即"安人"一级指标包含了"服从"、"敬佩"、"依赖"、"亲近"、"以身作则"、"博学"、"和德"、"信德"这8项二级指标。"中庸"一级指标包含了"合理性"、"适度"、"和谐"这3项二级指标。"五缘"一级指标包含了"亲缘"、"地缘"、"文缘"、"商缘"、"神缘"这5项二级指标。"情理法"一级指标包含了"感情"、"遵章守法"、"理智"这3项二级指标。"无为而治"一级指标包含了"民主"、"自律"这2项二级指标。"沟通"一级指标包含了"上传下达"、"下传上达"这2项二级指标。"学习型"一级指标包含了"信息"、"学习机会"、"学习能力"、"分享"、"透明度"这5项二级指标。"团队"一级指标包含了"激励"、"协同"、"归属感"、"共同目标"、"跨功能性"、"灵活性"、"自主性"这7项二级指标。"文化"一级指标包含了"文化导向"、"凝聚力"、"规范与协调"这3项二级指标。

(4)"人谋管理"评价指标的构成。在"人谋管理"评价指标体系的构成中,我们主要分以下两个阶段进行:

第一阶段,我们分别深度访谈了5家国有企业、4家民营企业和

6家中外合资企业的高层管理者,通过开放式的访谈和问卷,总结、归纳出与"人谋管理"相符合的词条主要为团队、谋略、创新、系统性、科学性、信息情报、战略联盟7个影响因素,并以此作为评价指标体系中的一级指标进行设计。

第二阶段,我们在访谈中发现,"人谋管理"的具体内涵可与西方管理理论中的"计划、决策"相对应。在此基础上我们搜索了15家国有企业、20家民营企业和23家中外合资企业网站,获得了177个与团队、谋略、创新、系统性、科学性、信息情报、战略联盟内容较吻合又能对应于"计划、决策"的词条;为此,我们请了7位分别来自高校、咨询机构及研究机构的资深教授、专家对所收集的词条进行归类,在此过程中,专家剔除了51条具有重复性内涵的词条,然后将其余126个词条进行进一步归类和内涵提炼,得出二级指标27项,即"团队"一级指标包含了"集思广益"、"智囊团"这2项二级指标。"谋略"一级指标包含了"远见"、"智慧"、"顾客价值最大化"、"社会价值最大化"、"股东、员工价值最大化"、"多元化"、"谋定而后动"、"价值链定位"这8项二级指标。"创新"一级指标包含了"打破常规"、"洞察力"、"想象力"、"预见力"这4项二级指标。"系统性"一级指标包含了"收集信息"、"做出计划"、"制定策略"这3项二级指标。"科学性"一级指标包含了"预测"、"预算"、"定量分析"这3项二级指标。"信息情报"一级指标包含了"高效"、"灵敏"、"准确"这3项二级指标。"战略联盟"一级指标包含了"收益对称"、"风险共担"、"核心竞争力提升"、"外部适应力"这4项二级指标。

2. 中国企业管理模式的支撑模式评价指标体系的构成

(1) "人心管理"评价指标的构成。在"人心管理"评价指标体系的构成中,我们主要分以下两个阶段进行:

第一阶段,我们分别深度访谈了5家国有企业、4家民营企业和6家中外合资企业的高层管理者,通过开放式的访谈和问卷,总结、归纳出与"人心管理"相符合的词条主要为他化激励、主体激励、相互激励3个影响因素,并以此作为评价指标体系中的一级指标进行设计。

第二阶段，我们在访谈中发现，"人心管理"的具体内涵可与西方管理理论中的"激励、控制"相对应。在此基础上我们搜索了15家国有企业、20家民营企业和23家中外合资企业网站，获得了201个与他化激励、主体激励、相互激励内容较吻合又能对应于"激励、控制"的词条；为此，我们请了7位分别来自高校、咨询机构及研究机构的资深教授、专家对所收集的词条进行归类，在此过程中，专家剔除了79条具有重复性内涵的词条，然后将其余122个词条进行进一步归类和内涵提炼，得出二级指标39项，即"他化激励"一级指标包含了"提薪"、"发奖金"、"提高福利"、"发商品"、"休假"、"培训"、"表扬"、"荣誉"、"晋级"、"关怀"、"目标激励"、"宽容"、"股权"、"心理契约"、"环境"、"事业"、"授权"这17项二级指标。"主体激励"一级指标包含了"努力"、"公正"、"效率"、"仁爱"、"民主"、"责任"、"自律"、"明察"、"勤勉"、"清正廉洁"、"自我价值"、"情感"这12项二级指标。"相互激励"一级指标包含了"积极进取"、"精确"、"忠诚"、"自强"、"友好"、"信任"、"尊重"、"民主"、"公正"、"休戚相关"这10项二级指标。

(2) "人才管理"评价指标的构成。在"人才管理"评价指标体系的构成中，我们主要分以下两个阶段进行：

第一阶段，我们分别深度访谈了5家国有企业、4家民营企业和6家中外合资企业的高层管理者，通过开放式的访谈和问卷，总结、归纳出与"人才管理"相符合的词条主要为分类原则、能质能级对应、容短原则、激励原则、用人标准、人才机制、培训、人才成长、绩效、人本管理10个影响因素，并以此作为评价指标体系中的一级指标进行设计。

第二阶段，我们在访谈中发现，"人才管理"的具体内涵可与西方管理理论中的"人力资源"相对应。在此基础上我们搜索了15家国有企业、20家民营企业和23家中外合资企业网站，获得了198个与分类原则、能质能级对应、容短原则、激励原则、用人标准、人才机制、培训、人才成长、绩效、人本管理内容较吻合又能对应于"人力资源"的词条；为此，我们请了7位分别来自高校、咨询机构及研究机构的资深教授、专家对所收集的词条进行归类，在此过程中，专家剔除了91条具有重复性内涵的词条，然后将其余107个词条进行进一步归类和内涵提炼，得出二级指标48项，即"分类原则"一级指标包含了"用人唯贤"、"量才使用"、"结构优化原则"、"动态原则"这4项二级指标。"能质能级对应"一级指标包含了"知人善任"、"放权"、"民主参与"这3项二级指标。"容短原则"一级指标包含了"用人气度"、"失误淡化"、"包容"这3项二级指标。"激励原则"一级指标包含了"赞赏"、"情感激励"、"制度激励"、"企业文化"、"经济利益"、"事业"这6项二级指标。"用人标准"一级指标包含了"德行操守"、"忠诚"、"能力"、"智慧"、"毅力"、"远见卓识"、"公正性"、"科学性"、"事业心"、"专业技术特长"这10项二级指标。"人才机制"一级指标包含了"制度环境"、"政策环境"、"聚才环境"、"用人环境"、"育才环境"这5项二级指标。"培训"一级指标包含了"基本技能培训"、"岗位培训"、"专业培训"、"学历培训"这4项二级指标。"人才成长"一级指标包含了"进修"、"晋升"、"轮岗培训"、"选拔"、"淘汰"这5项二级指标。"绩效"一级指标包含了"计划"、"沟通"、"评价"、"诊断与辅导"这4项二级指标。"人本管理"一级指标包含了"群体精神"、"人生观"、"职业道德"、"权利与利益"这4项二级指标。

3. 中国企业管理模式的管理绩效评价指标体系的构成

在第四章中，本书已经介绍的有关中国企业管理模式的管理绩效评价指标体系中的一级指标，主要来自巫景飞在进行企业战略绩效理论研究中对企业管理绩效的影响因素的阐述。他指出，对企业管理绩效的影响因素主要是目标达成度、联盟信任的达成度、声誉达成度、获利能力、企业成长率、各功能部门绩效达成度、联盟相似度、创新、系统性、战略伙伴这10项内容。为此，在本书的研究中，我们分别搜索了15家国有企业、20家民营企业和23家中外合资企业网站，获得了由各省市行业协会所提供的相关资料，收集了与目标达成度、联盟信任的达成度、声誉达成度、获利能力、企业成长率、各功能部门绩效达成度、联盟相似度、创新、系统性、战略伙伴内容相吻合的词条 121 个；同时，我们请了 7 位分别来自高校、咨询机构及研究机构的资深教授、专家对所收集的词条进行归类，在此过程中，专家剔除了 34 条具有重复性内涵的词条，然后将其余 87 个词条进行进一步归类和内涵提炼，得出二级指标 38 项，即"目标达成度"一级指标包含了"市场"、"人才"、"研发"、"发展"、"管理目标"这 5 项二级指标。"联盟信任的达成度"一级指标包含了"诚信可靠"、"相互尊重"、"顾及双方利益"这 3 项二级指标。"声誉达成度"一级指标包含了"产品质量"、"高层管理水平"、"高层道德水平"这 3 项二级指标。"获利能力"一级指标包含了"销售额"、"利润"、"净资产收益率"、"投资收益率"这 4 项二级指标。"企业成长率"一级指标包含了"企业规模"、"员工人数"这 2 项二级指标。"各功能部门绩效达成度"一级指标包含了"计划与组织管理"、"目标管理"、"管理控制"、"管理决策"、"管理沟通"这 5 项二级指标。"联盟相似度"一级指标包含了"企业文化与价值"、"企业发展思路"这 2 项二级指标。"创新"一级指标包含了"产品创新"、"管理创新"、"技术创新"这 3 项二级指标。"系统性"一级指标包含了"市场份额"、"收入稳定性"、"员工旷工率"、"资金周转率"、"研发费用的增长"、"员工满意度"这 6 项二级指标。"战略伙伴"一级指标包含了"投资者"、"债权人"、"顾客"、"政府部门"、"劳工组织"这 5 项二级指标。

第三节 数据分析方法

一、测量工具

本书数据用 Excel2010、SPSS17.0 作为数据统计及分析工具。

二、指标选取

本书问卷调查指标的选取如表5－2所示。

表5－2 中国企业管理模式研究问卷调查指标体系

	一级相关指标
企业文化	企业价值体系　行为体系　物质体系　制度体系
人道管理	人格　权威　责任　天道　风格　智慧　能力　品质
人缘管理	安人　中庸　五缘　情理法　无为而治　沟通　学习型　团队　文化
人谋管理	团队　谋略　创新　系统性　科学性　信息情报　战略联盟
人才管理	分类原则　能质能级对应　容短原则　激励原则　用人标准　人才机制　培训　人才成长　绩效　人本管理
人心管理	他化激励　主体激励　相互激励
管理绩效	目标达成度　联盟信任的达成度　声誉达成度　获利能力　企业成长率　各功能部门绩效达成度　联盟相似度　创新　系统性　战略伙伴

三、分析方法概述

1. 信度分析

信度主要是指测量结果的可靠性、一致性和稳定性，即测验结果是否反映了被测者的稳定的、一贯性的真实特征，可以定义为随机误差 R 影响测量值的程度。信度系数越高即表示该测验的结果越一致、稳定与可靠，如果 R＝0，就认为测量是完全可信的，信度最高。本章信度检验以内部一致性克隆巴赫系数（Cronbach's α）进行信度分析与试题一致性筛选。以内部一致性进行信度分析与试题一致性筛选，一般而言，如果量表的信度系数达到0.9以上，该测验或量表的信度就较好；信度系数在0.8以上，是可以接受的；如果信度系数在

0.7以下，就应该对此量表进行修订；如果信度系数低于0.5，则此量表的调查结果就很不可信了。

2. 效度分析

和信度相关的一个概念是效度，信度是效度的前提条件。效度（Validity）即有效性，它是指测量工具或手段能够准确测出所需测量的事物的程度。效度分为两种类型：内容效度和建构效度。

（1）内容效度。也称为表面效度或逻辑效度，指的是测量的内容与测量目标之间是否适合，也可以说是指测量所选择的项目是否"看起来"符合测量的目的和要求。主要依据调查设计人员的主观判断。

（2）建构效度。是指测量结果体现出来的某种结构与测值之间的对应程度。建构效度分析所采用的方法是因子分析。在SPSS软件中，如果各题项的相关系数矩阵只有一个特征值大于1，那么只能抽取一个公共因子，即量表所要建构的因素，表明量表具有良好的建构效度。若有两个或两个以上的特征值大于1，那么一般再进行Varimax或Direct Oblimin转轴变换，以使每个因子的载荷有较大区分度，然后只保留第一个因子对应的题项，再对修正后的量表进行效度检验，直到满足建构效度为止。本书的研究主要以建构效度进行分析。

3. 因子分析法分析

因子分析的主要功能是从量表全部变量（题项）中提取一些公因子，各公因子分别与某一群特定变量高度关联，这些公因子即代表了量表的基本结构。通过因子分析可以考察问卷是否能够测量出研究者设计问卷时假设的某种结构。在因子分析的结果中，有累积贡献率、共同度和因子负荷。累积贡献率反映公因子对量表或问卷的累积有效程度，共同度反映由公因子解释原变量的有效程度，因子负荷反映原变量与某个公因子的相关程度。

因子分析是指研究从变量群中提取共性因子的统计技术。最早由英国心理学家C. E. 斯皮尔曼提出，因子分析可在许多变量中找出隐藏的具有代表性的因子。将相同本质的变量归入一个因子，可减少变量的数目，还可检验变量间关系的假设。因本书的研究所涉及问题较多，我们可把联系比较紧密的变量归为同一个类别，称之为公共因子。通过降维这种思想将相关性高的变量聚在一起，这不仅便于提取容易解释的特征，而且降低了需要分析的变量数目和问题的复杂性。

4. 回归分析

多元线性回归是分析一个随机变量和多个变量之间线性关系的最常用的统计方法，常用来检验预测变量的显著程度和比较它们的作用大小。

第六章 统计结果分析

在具有共同社会制度、民族文化背景下研究具有东方管理特质的我国各所有制企业的企业管理模式的趋同性是一件非常有意义的事。本书主要围绕以东方管理为视角的中国国有企业、民营企业和中外合资企业管理模式的异同点，及其与管理绩效之间的关联与发展走势进行探讨，为构建具有中国特色的东方管理模式进行研究。为此，本书的研究在归纳、总结、萃取具有东方管理特质的中国国有企业、民营企业和中外合资企业管理模式中的精华的同时，对这些不同所有制企业的管理模式对管理绩效的影响进行实证统计分析，以求获得更为科学的研究结果。为此，本章主要对中国国有企业、民营企业和中外合资企业的管理模式、管理特质的异同进行比较分析和研究，以期对在全球化背景下建构具有中国特色的管理模式进行研究和探索。

第一节 中国企业管理模式样本统计的信度与效度分析

一、信度分析

中国国有企业、民营企业与中外合资企业的中国管理模式的问卷调查中的指标信度分析。如表6-1所示，按中国企业管理模式的7个分项来看，"企业文化"4个子指标之间的内在一致性检验系数是

0.867，同时相关性和α系数没有较大的变动，因此，"企业文化"的4个子指标能够一致地反映"企业文化"的特征；"人才管理"10个子指标之间的内在一致性检验系数是0.96，同时相关性和α系数没有较大的变动，因此，"人才管理"的10个指标能够一致地反映"人才管理"的特征；"人道管理"8个子指标之间的内在一致性检验系数是0.923，同时相关性和α系数没有较大的变动，因此，"人道管理"的8个子指标能够一致地反映"人道管理"的特征；"人谋管理"7个子指标之间的内在一致性检验系数是0.943，同时相关性和α系数没有较大的变动，因此，"人谋管理"的7个子指标能够一致地反映"人谋管理"的特征；"人心管理"4个子指标之间的内在一致性检验系数是0.918，同时相关性和α系数没有较大的变动，因此，"人心管理"的4个子指标能够一致地反映"人心管理"的特征；"人缘管理"9个子指标之间的内在一致性检验系数是0.954，同时相关性和α系数没有较大的变动，因此，"人缘管理"的9个子指标能够一致地反映"人缘管理"的特征；"管理绩效"10个子指标之间的内在一致性检验系数是0.965，同时相关性和α系数没有较大的变动，因此，"管理绩效"的10个子指标能够一致地反映"管理绩效"的特征。各分项的Guttman分半信度值均比Cronbach的α系数略小或略大，但无显著差异。

表6—1 中国企业管理模式量表的信度分析

问题项	Corrected Item-Total Correlation	Cronbach's Alpha if Item Deleted	Cronbach's Alpha	Guttman Split-Half Coefficient
企业文化			0.867	0.802
企业价值体系	0.807	0.797		
行为体系	0.642	0.859		
物质体系	0.656	0.861		
制度体系	0.79	0.799		

续表

问题项	Corrected Item-Total Correlation	Cronbach's Alpha if Item Deleted	Cronbach's Alpha	Guttman Split-Half Coefficient
人才管理			0.96	0.935
分类原则	0.868	0.954		
能质能级对应	0.847	0.955		
容短原则	0.651	0.962		
激励原则	0.892	0.953		
用人标准	0.865	0.955		
人才机制	0.872	0.954		
培训	0.737	0.959		
人才成长	0.854	0.954		
绩效	0.824	0.956		
人本管理	0.841	0.955		
人道管理			0.923	0.92
人格	0.861	0.904		
权威	0.187	0.953		
责任	0.825	0.906		
天道	0.846	0.905		
风格	0.899	0.902		
智慧	0.847	0.904		
能力	0.869	0.903		
品质	0.71	0.918		
人谋管理			0.943	0.888
团队	0.697	0.945		
谋略	0.862	0.931		
创新	0.829	0.933		
系统性	0.85	0.931		

续表

问题项	Corrected Item-Total Correlation	Cronbach's Alpha if Item Deleted	Cronbach's Alpha	Guttman Split-Half Coefficient
科学性	0.79	0.936		
信息情报	0.822	0.933		
战略联盟	0.845	0.931		
人心管理			0.918	0.927
他化激励	0.757	0.914		
主体激励	0.845	0.885		
相互激励（员工）	0.827	0.889		
相互激励（管理者）	0.829	0.889		
人缘管理			0.954	0.944
安人	0.876	0.946		
中庸	0.823	0.948		
五缘	0.521	0.963		
情、理、法	0.86	0.946		
无为而治	0.849	0.947		
沟通	0.86	0.946		
学习型	0.874	0.946		
团队	0.897	0.944		
文化	0.791	0.95		
管理绩效			0.965	0.956
目标达成度	0.892	0.96		
联盟信任的达成度	0.804	0.963		
声誉达成度	0.831	0.962		
获利能力	0.809	0.963		
企业成长率	0.768	0.964		
各功能部门绩效达成度	0.896	0.96		

续表

问题项	Corrected Item-Total Correlation	Cronbach's Alpha if Item Deleted	Cronbach's Alpha	Guttman Split-Half Coefficient
联盟相似度	0.815	0.963		
创新	0.879	0.96		
系统性	0.878	0.96		
战略伙伴	0.862	0.961		

二、效度分析

建构效度检验的对象是各分量表，包括"企业文化"的4个分量表：企业价值体系、行为体系、物质体系、制度体系；"人才管理"的10个分量表：分类原则、能质能级对应、容短原则、激励原则、用人标准、人才机制、培训、人才成长、绩效、人本管理；"人道管理"的8个分量表：人格、权威、责任、天道、风格、智慧、能力、品质；"人谋管理"的7个分量表：团队、谋略、创新、系统性、科学性、信息情报、战略联盟；"人心管理"的4个分量表：他化激励、主体激励、相互激励（员工）、相互激励（管理者）；"人缘管理"的9个分量表：安人、中庸、五缘、情理法、无为而治、沟通、学习型、团队、文化；"管理绩效"的10个分量表：目标达成度、联盟信任的达成度、声誉达成度、获利能力、企业成长率、各功能部门绩效达成度、联盟相似度、创新、系统性、战略伙伴。由于本部分建构效度检验的过程与后面列出的因子分析有重合的部分，因而在这里只简单列出各分量表题项相关矩阵的前两个特征值。结果如表6—2所示。

表6—2 各分量表的建构效度检验

分量表	特征值	方差解释（%）	累计方差解释（%）
企业文化	2.893	72.315	72.315
	0.613	15.327	87.642
人才管理	7.439	74.394	74.394
	0.618	6.181	80.575
人道管理	5.609	70.115	70.115
	0.974	12.177	82.292
人谋管理	5.259	75.133	75.133
	0.744	10.624	85.757
人心管理	3.226	80.651	80.651
	0.381	9.523	90.174
人缘管理	6.683	74.259	74.259
	0.72	7.996	82.256
管理绩效	7.669	76.692	76.692
	0.464	4.635	81.327

由表6—2可见，各分量表对应相关矩阵都只有一个特征值大于1，这表明各分量表有良好的建构效度。

三、变量相关度

由表6—3可知，"企业文化"与"人才管理"的相关度为0.832，则这两个变量较为相关；"企业文化"与"人道管理"的相关度为0.789，则这两个变量相关度一般；"企业文化"与"人谋管理"的相关度为0.774，则这两个变量相关度一般；"企业文化"与"人心管理"的相关度为0.903，则这两个变量高度相关；"企业文化"与"人缘管理"的相关度为0.8，则这两个变量较为相关；"企业文化"

与"管理绩效"的相关度为 0.803，则这两个变量较为相关。"人才管理"与"人道管理"的相关度为 0.841，则这两个变量较为相关；"人才管理"与"人谋管理"的相关度为 0.822，则这两个变量较为相关；"人才管理"与"人心管理"的相关度为 0.937，则这两个变量高度相关；"人才管理"与"人缘管理"的相关度为 0.872，则这两个变量较为相关；"人才管理"与"管理绩效"的相关度为 0.843，则这两个变量较为相关。"人道管理"与"人谋管理"的相关度为 0.898，则这两个变量较为相关；"人道管理"与"人心管理"的相关度为 0.948，则这两个变量高度相关；"人道管理"与"人缘管理"的相关度为 0.851，则这两个变量较为相关；"人道管理"与"管理绩效"的相关度为 0.855，则这两个变量较为相关。"人谋管理"与"人心管理"的相关度为 0.94，则这两个变量高度相关；"人谋管理"与"人缘管理"的相关度为 0.864，则这两个变量较为相关；"人谋管理"与"管理绩效"的相关度为 0.869，则这两个变量较为相关；"人心管理"与"人缘管理"的相关度为 0.91，则这两个变量高度相关；"人心管理"与"管理绩效"的相关度为 0.901，则这两个变量高度相关。"人缘管理"与"管理绩效"的相关度为 0.895，则这两个变量较为相关。

表6—3 中国企业管理模式变量的相关度

	企业文化	人才管理	人道管理	人谋管理	人心管理	人缘管理	管理绩效
企业文化	1	0.832	0.789	0.774	0.903	0.8	0.803
人才管理	0.832	1	0.841	0.822	0.937	0.872	0.843
人道管理	0.789	0.841	1	0.898	0.948	0.851	0.855
人谋管理	0.774	0.822	0.898	1	0.94	0.864	0.869
人心管理	0.903	0.937	0.948	0.94	1	0.91	0.901
人缘管理	0.8	0.872	0.851	0.864	0.91	1	0.895
管理绩效	0.803	0.843	0.855	0.869	0.901	0.895	1

第二节 中国企业管理模式的结构模式统计分析

一、"企业文化"指标的统计分析

1. "企业文化"量表的因子分析

就"企业文化"量表的因子分析而言,通过主成分分析法将"企业文化"的一级指标设定为因子进行探索性因素分析,根据因子分析结果抽取指标,抽取指标原则有以下三个:①指标在因子上负荷要超过 0.7。②指标不能在两个或更多个因子上有较高负荷。③负荷在同一个因子上的指标内容相关性比较高。通过这个程序,最终保留了 4 个指标,对这 4 个指标构成的"企业文化"问卷再进行主成分因子分析,用方差极大正交旋转对 2 个因子进行转轴处理,旋转后因子模型如表 6-4 所示。

表 6-4 中国企业"企业文化"量表因子分析的因子负荷

企业文化	因子1	因子2
企业价值体系		0.772
行为体系		0.935
物质体系	0.926	
制度体系	0.781	

根据表 6-4 显示,中国企业"企业文化"包括 2 个公因子,每个公因子的命名和含义如下:

第一公因子"物质与制度"。此公因子是关于"企业文化"的物质体系与制度体系方面的内容。由此,利用这些指标对"物质与制度"的贡献度求出"物质与制度"公因子的值。

物质与制度＝物质体系0.926＋制度体系0.781

第二公因子"价值与行为"。此公因子是关于"企业文化"的企业价值体系与行为体系方面的内容。由此，利用这些指标对"价值与行为"的贡献度求出"价值与行为"公因子的值。

价值与行为＝企业价值体系0.772＋行为体系0.935

2. 各所有制企业"企业文化"因子的比较

由表6－5"物质与制度"公因子的比较可知，中外合资企业在企业物质体系与制度体系建设方面要强于民营企业和国有企业，而民营企业与国有企业在物质体系与制度体系建设方面旗鼓相当。

由表6－5的"价值与行为"公因子的比较可知，中外合资企业与民营企业在企业价值体系形成方面以及行为体系方面基本相同，但国有企业在企业价值体系与行为体系方面要强于中外合资企业和民营企业。

表6－5 各所有制企业"企业文化"公因子比较

	"物质与制度"的比较				
	均值差	P值	95%置信下限	95%置信上限	结论
合资 v.s. 民营	0.491557	0***	0.21925485	0.76385954	合资＞民营
合资 v.s. 国有	0.552278	0***	0.29985554	0.80470031	合资＞国有
民营 v.s. 国有	0.060721	0.667	－0.21756764	0.3390091	民营＝国有
	"价值与行为"的比较				
	均值差	P值	95%置信下限	95%置信上限	结论
合资 v.s. 民营	－0.22426	0.114	－0.50308423	0.05456698	合资＝民营
合资 v.s. 国有	－0.34013	0.011**	－0.6017549	－0.07850763	合资＜国有
民营 v.s. 国有	－0.11587	0.016	－0.39627236	0.16452708	民营＜国有

注 *：0.1的显著水平下显著。

**：0.05的显著水平下显著。

***：0.01的显著水平下显著。

结论都是在0.1的显著水平下做出。

3. 回归分析结果

结合上述因子分析中各项公因子的值,做出"企业文化"回归方程。在此,通过因变量对影响因子的回归,可以判断哪些变量是显著的,哪些是不显著的,并可以利用回归方程进行预测和控制。回归方程如表6-6所示。

表6-6 各所有制企业"企业文化"回归方程各因子系数及常数项系数

中外合资企业					
模型	非标准化系数		标准化系数	T	显著性
	Beta	标准误	Beta		
常量	0.046	0.03		1.538	0.127
物质与制度	0.325	0.029	0.58	11.405	0
价值与行为	0.32	0.027	0.597	11.735	0
民营企业					
模型	非标准化系数		标准化系数	T	显著性
	Beta	标准误	Beta		
常量	−0.053	0.044		−1.192	0.237
物质与制度	0.344	0.046	0.492	7.404	0
价值与行为	0.412	0.047	0.58	8.725	0
国有企业					
模型	非标准化系数		标准化系数	T	显著性
	Beta	标准误	Beta		
常量	−0.035	0.033		−1.04	0.301
物质与制度	0.29	0.033	0.541	8.734	0
价值与行为	0.29	0.033	0.545	8.791	0

中外合资企业管理绩效=物质与制度0.325+价值与行为0.32+0.046

民营企业管理绩效=物质与制度0.344+价值与行为0.412−0.053

国有企业管理绩效＝物质与制度 0.29＋价值与行为 0.29－0.035

由上述回归方程可见，显著性已达到显著水平，说明可以拒绝自变量都不能引起因变量的线性变化的虚无假设。对中外合资企业、民营企业、国有企业的每个变量的回归系数进行检验，发现在测量变量中"物质与制度"、"价值与行为"变量在回归方程中的系数达到显著或极其显著的水平。

二、"人道管理"指标的统计分析

1. "人道管理"量表的因子分析

就"人道管理"量表的因子分析而言，通过主成分分析法将"人道管理"的一级指标设定为因子进行探索性因素分析，根据因子分析结果抽取指标，抽取指标原则有以下三个：①指标在因子上负荷要超过 0.8。②指标不能在两个或更多个因子上有较高负荷。③负荷在同一个因子上的指标内容相关性比较高。通过这个程序，最终保留了 8 个指标，对这 8 个指标构成的"人道管理"问卷再进行主成分因子分析，用方差极大正交旋转对 3 个因子进行转轴处理，旋转后因子模型如表 6－7 所示。

表 6－7 中国企业"人道管理"量表因子分析的因子负荷

	因子1	因子2	因子3
人道管理			
人格	0.841		
权威			0.993
责任	0.825		
天道	0.863		
风格	0.896		

续表

	因子1	因子2	因子3
智慧	0.877		
能力	0.854		
品质		0.87	

根据表6-7显示，中国企业"人道管理"包括3个公因子，每个公因子的命名和含义如下：

第一公因子"领导魅力"。此公因子是关于"人道管理"人格、责任、天道、风格、智慧、能力方面的内容。由此，利用这些指标对"领导魅力"的贡献度求出"领导魅力"公因子的值。

领导魅力＝人格0.841＋责任0.825＋天道0.863＋风格0.896＋智慧0.877＋能力0.854

第二公因子"品质"。此公因子是关于企业领导品质方面的内容。由此，利用这一指标对"品质"的贡献度求出"品质"公因子的值为0.87。

第三公因子"权威"。此公因子是关于企业领导权威方面的内容。由此，利用这一指标对"权威"的贡献度求出"权威"公因子的值为0.993。

2. 各所有制企业"人道管理"因子的比较

由表6-8"领导魅力"公因子的比较可知，中外合资企业的领导魅力要强于民营企业，与国有企业相当，而民营企业的领导魅力要逊于国有企业。

由表6-8的"品质"公因子的比较可知，中外合资企业与民营企业在企业领导品质方面基本相同，但国有企业领导的品质要优于中外合资企业，民营企业的领导品质在很多方面与国有企业的领导品质相似。

由表6-8"权威"公因子的比较可知，中外合资企业、民营企业、国有企业的企业领导的权威性基本一致。

表 6-8　各所有制企业"人道管理"公因子比较

	"领导魅力"的比较				
	均值差	P值	95%置信下限	95%置信上限	结论
合资 v.s. 民营	0.268107	0.065*	−0.0083539	0.54456876	合资＞民营
合资 v.s. 国有	0.107207	0.402	−0.14270546	0.35711929	合资＝国有
民营 v.s. 国有	−0.1609	0.002***	−0.46243519	0.14063415	民营＜国有
	"品质"的比较				
	均值差	P值	95%置信下限	95%置信上限	结论
合资 v.s. 民营	−0.29795	0.126	−0.68165677	0.08575781	合资＝民营
合资 v.s. 国有	−0.24759	0.003***	−0.40968795	−0.08549018	合资＜国有
民营 v.s. 国有	0.05036	0.777	−0.30006194	0.40078277	民营＝国有
	"权威"的比较				
	均值差	P值	95%置信下限	95%置信上限	结论
合资 v.s. 民营	0.071709	0.602	−0.19878244	0.34219963	合资＝民营
合资 v.s. 国有	0.09937	0.455	−0.16241468	0.36115367	合资＝国有
民营 v.s. 国有	0.027661	0.854	−0.26835107	0.32367286	民营＝国有

注 *：0.1 的显著水平下显著。
　　**：0.05 的显著水平下显著。
　　***：0.01 的显著水平下显著。

3. 回归分析结果

结合上述因子分析中各项公因子的值，做出"人道管理"回归方程。在此，通过因变量对影响因子的回归，可以判断哪些变量是显著的，哪些是不显著的，并可以利用回归方程进行预测和控制。回归方程如表 6-9 所示。

表6—9 各所有制企业"人道管理"回归方程各因子系数及常数项系数

模型	中外合资企业				
	非标准化系数		标准化系数	T	显著性
	Beta	标准误	Beta		
常量	0.073	0.024		2.994	0.003
领导魅力	0.437	0.026	0.743	16.728	0
品质	0.202	0.04	0.223	5.036	0
权威	0.105	0.023	0.185	4.473	0
模型	民营企业				
	非标准化系数		标准化系数	T	显著性
	Beta	标准误	Beta		
常量	−0.034	0.037		−0.923	0.359
领导魅力	0.499	0.036	0.804	13.675	0
品质	0.186	0.023	0.468	8.004	0
权威	0.144	0.04	0.205	3.608	0.001
模型	国有企业				
	非标准化系数		标准化系数	T	显著性
	Beta	标准误	Beta		
常量	−0.043	0.03		−1.452	0.15
领导魅力	0.413	0.031	0.786	13.454	0
品质	0.148	0.048	0.179	3.114	0.002
权威	0.018	0.028	0.037	0.647	0.519

中外合资企业管理绩效＝领导魅力0.437＋品质0.202＋权威0.105＋0.073

民营企业管理绩效＝领导魅力0.499＋品质0.186＋权威0.144−0.034

国有企业管理绩效＝领导魅力0.413＋品质0.148−0.043

由上述回归方程可见，显著性已达到显著水平，说明可以拒绝自变量都不能引起因变量的线性变化的虚无假设。对中外合资企业、民营企业、国有企业的每个变量的回归系数进行检验，发现在测量变量中"领导魅力"、"品质"变量在回归方程中的系数达到显著或极其显著的水平，在中外合资企业、民营企业中"权威"变量在回归方程中的系数达到显著或极其显著的水平，但国有企业中"权威"变量在回归方程中的系数不再显著，在此，我们可以忽略不计。

三、"人谋管理"指标的统计分析

1. "人谋管理"量表的因子分析

就"人谋管理"量表的因子分析而言，通过主成分分析法将"人谋管理"的一级指标设定为因子进行探索性因素分析，根据因子分析结果抽取指标，抽取指标原则有以下三个：①指标在因子上负荷要超过0.7。②指标不能在两个或更多个因子上有较高负荷。③负荷在同一个因子上的指标内容相关性比较高。通过这个程序，最终保留了7个指标，对这7个指标构成的"人谋管理"问卷再进行主成分因子分析，用方差极大正交旋转对2个因子进行转轴处理，旋转后因子模型如表6—10所示。

表6—10 中国企业"人谋管理"量表因子分析的因子负荷

	因子1	因子2
人谋管理		
团队		0.89
谋略		0.825
创新		0.798
系统性	0.81	
科学性	0.908	
信息情报	0.861	
战略联盟	0.705	

根据表 6-10 显示，中国企业"人谋管理"包括 2 个公因子，每个公因子的命名和含义如下：

第一公因子"谋划"。此公因子是关于"人谋管理"系统性、科学性、信息情报、战略联盟方面的内容。由此，利用这些指标对"谋划"的贡献度求出"谋划"公因子的值。

谋划＝系统性 0.81＋科学性 0.908＋信息情报 0.861＋战略联盟 0.705

第二公因子"策略"。此公因子是关于"人谋管理"团队、谋略、创新方面的内容。由此，利用这些指标对"策略"的贡献度求出"策略"公因子的值。

策略＝团队 0.89＋谋略 0.825＋创新 0.798

2. 各所有制企业"人谋管理"因子的比较

由表 6-11"谋划"公因子的比较可知，中外合资企业的谋划能力与民营企业相当，而逊于国有企业。民营企业在谋划方面逊于国有企业。

表 6-11　各所有制企业"人谋管理"公因子比较

	"谋划"的比较				
	均值差	P 值	95%置信下限	95%置信上限	结论
合资 v.s. 民营	−0.20663	0.172	−0.50403694	0.09077217	合资＝民营
合资 v.s. 国有	−0.2323	0.063*	−0.47516361	0.01055923	合资＜国有
民营 v.s. 国有	−0.02567	0.077*	−0.33392386	0.28258425	民营＜国有
	"策略"的比较				
	均值差	P 值	95%置信下限	95%置信上限	结论
合资 v.s. 民营	0.475388	0.001***	0.20010562	0.75066955	合资＞民营
合资 v.s. 国有	0.398399	0.002***	0.15003773	0.64675964	合资＞国有
民营 v.s. 国有	−0.07699	0.601	−0.36701153	0.21303373	民营＝国有

注 *：0.1 的显著水平下显著。

**：0.05 的显著水平下显著。

***：0.01 的显著水平下显著。

结论都是在 0.1 的显著水平下做出。

由表 6-11 的"策略"公因子的比较可知，中外合资企业优于国有企业和民营企业，国有企业和民营企业在策略方面旗鼓相当。

3. 回归分析结果

结合上述因子分析中各项公因子的值，做出"人谋管理"回归方程。在此，通过因变量对影响因子的回归，可以判断哪些变量是显著的，哪些是不显著的，并可以利用回归方程进行预测和控制。回归方程如表 6-12 所示。

表 6-12 各所有制企业"人谋管理"回归方程各因子系数及常数项系数

中外合资企业					
模型	非标准化系数		标准化系数	T	显著性
	Beta	标准误	Beta		
常量	0.04	0.023		1.766	0.08
谋划	0.329	0.023	0.542	14.086	0
策略	0.395	0.022	0.684	17.8	0
民营企业					
模型	非标准化系数		标准化系数	T	显著性
	Beta	标准误	Beta		
常量	-0.052	0.041		-1.266	0.209
谋划	0.388	0.035	0.672	11.005	0
策略	0.321	0.039	0.498	8.149	0
国有企业					
模型	非标准化系数		标准化系数	T	显著性
	Beta	标准误	Beta		
常量	0.003	0.026		0.099	0.922
谋划	0.297	0.027	0.549	11.136	
策略	0.389	0.027	0.707	14.337	0

中外合资企业管理绩效＝谋划 0.329＋策略 0.395＋0.04
民营企业管理绩效＝谋划 0.388＋策略 0.321－0.052
国有企业管理绩效＝谋划 0.297＋策略 0.389＋0.003

由上述回归方程可见，显著性已达到显著水平，说明可以拒绝自变量都不能引起因变量的线性变化的虚无假设。对中外合资企业、民营企业、国有企业的每个变量的回归系数进行检验，发现在测量变量中"谋划"、"策略"变量在回归方程中的系数达到显著或极其显著的水平。

四、"人缘管理"指标的统计分析

1. "人缘管理"量表的因子分析

就"人缘管理"量表的因子分析而言，通过主成分分析法将"人缘管理"的一级指标设定为因子进行探索性因素分析，根据因子分析结果抽取指标，抽取指标原则有以下三个：①指标在因子上负荷要超过 0.6。②指标不能在两个或更多个因子上有较高负荷。③负荷在同一个因子上的指标内容相关性比较高。通过这个程序，最终保留了 9 个指标，对这 9 个指标构成的"人缘管理"问卷再进行主成分因子分析，用方差极大正交旋转对 3 个因子进行转轴处理，旋转后因子模型如表 6－13 所示。

表 6－13 中国企业"人缘管理"量表因子分析的因子负荷

	因子 1	因子 2	因子 3
人缘管理			
安人		0.711	
中庸		0.849	
五缘			0.95
情、理、法	0.699		
无为而治	0.708		

续表

	因子1	因子2	因子3
沟通	0.794		
学习型	0.811		
团队	0.764		
文化	0.79		

根据表6-13显示，中国企业"人缘管理"包括3个公因子，每个公因子的命名和含义如下：

第一公因子"礼与法"。此公因子是关于"人缘管理"情理法、无为而治、沟通、学习型、团队、文化方面的内容。由此，利用这些指标对"礼与法"的贡献度求出"礼与法"公因子的值。

礼与法＝情理法0.699＋无为而治0.708＋沟通0.794＋学习型0.811＋团队0.764＋文化0.79

第二公因子"为人"。此公因子是关于"人缘管理"安人、中庸方面的内容。由此，利用这些指标对"为人"的贡献度求出"为人"公因子的值。

为人＝安人0.711＋中庸0.849

第三公因子"五缘"。此公因子是关于"人缘管理"五缘方面的内容，这一指标的贡献度为0.95。

2. 各所有制企业"人缘管理"因子的比较

由表6-14"礼与法"公因子的比较可知，中外合资企业在礼与法方面要强于国有企业和民营企业，而国有企业和民营企业在这方面的水平基本相同。

由表6-14"为人"公因子的比较可知，中外合资企业与国有企业和民营企业三者旗鼓相当。

由表6-14"五缘"公因子的比较可知，中外合资企业在五缘方面要强于国有企业和民营企业，而国有企业和民营企业在这方面的水平基本相同。

表6—14 各所有制企业"人缘管理"公因子比较

	"礼与法"的比较				
	均值差	P值	95%置信下限	95%置信上限	结论
合资 v.s. 民营	0.261855	0.054*	−0.00091784	0.52462688	合资＞民营
合资 v.s. 国有	0.238825	0.076*	−0.01961726	0.49726784	合资＞国有
民营 v.s. 国有	−0.02303	0.88	−0.33023534	0.28417688	民营＝国有
	"为人"的比较				
	均值差	P值	95%置信下限	95%置信上限	结论
合资 v.s. 民营	−0.1888	0.199	−0.47764802	0.10004132	合资＝民营
合资 v.s. 国有	−0.09574	0.456	−0.34825653	0.15678382	合资＝国有
民营 v.s. 国有	0.093067	0.526	−0.19628244	0.38241643	民营＝国有
	"五缘"的比较				
	均值差	P值	95%置信下限	95%置信上限	结论
合资 v.s. 民营	0.405586	0.004***	0.12788148	0.68329115	合资＞民营
合资 v.s. 国有	0.304884	0.02**	0.04865004	0.56111772	合资＞国有
民营 v.s. 国有	−0.1007	0.486	−0.38526397	0.18385909	民营＝国有

注 *：0.1的显著水平下显著。
**：0.05的显著水平下显著。
***：0.01的显著水平下显著。
结论都是在0.1的显著水平下做出。

3. 回归分析结果

结合上述因子分析中各项公因子的值，做出"人缘管理"回归方程。在此，通过因变量对影响因子的回归，可以判断哪些变量是显著的，哪些是不显著的，并可以利用回归方程进行预测和控制。回归方程如表6—15所示。

表 6-15 各所有制企业"人缘管理"回归方程各因子系数及常数项系数

中外合资企业					
模型	非标准化系数		标准化系数	T	显著性
	Beta	标准误	Beta		
常量	0.025	0.016		1.501	0.136
礼与法	0.408	0.017	0.677	23.714	0
为人	0.289	0.016	0.527	18.615	0
五缘	0.16	0.016	0.291	10.201	0
民营企业					
模型	非标准化系数		标准化系数	T	显著性
	Beta	标准误	Beta		
常量	-0.051	0.039		-1.29	0.201
礼与法	0.372	0.04	0.543	9.293	0
为人	0.379	0.037	0.603	10.329	0
五缘	0.168	0.04	0.243	4.14	0
国有企业					
模型	非标准化系数		标准化系数	T	显著性
	Beta	标准误	Beta		
常量	0.001	0.027		0.04	0.968
礼与法	0.356	0.025	0.752	14.012	0
为人	0.26	0.03	0.451	8.63	0
五缘	0.13	0.029	0.244	4.495	0

中外合资企业管理绩效=礼与法 0.408+为人 0.289+五缘 0.16+0.025

民营企业管理绩效=礼与法 0.372+为人 0.379+五缘 0.168-0.051

国有企业管理绩效=礼与法 0.356+为人 0.26+五缘 0.13+0.001

由上述回归方程可见，显著性已达到显著水平，说明可以拒绝自变量都不能引起因变量的线性变化的虚无假设。对中外合资企业、民营企业、国有企业的每个变量的回归系数进行检验,发现在测量变量中"礼与法"、"为人"、"五缘"变量在回归方程中的系数达到显著或极其显著的水平。

第三节 中国企业管理模式的支撑模式统计分析

一、"人心管理"指标的统计分析

1. "人心管理"量表的因子分析

就"人心管理"量表的因子分析而言,通过主成分分析法将"人心管理"的一级指标设定为因子进行探索性因素分析,根据因子分析结果抽取指标,抽取指标原则有以下三个:①指标在因子上负荷要超过0.67。②指标不能在两个或更多个因子上有较高负荷。③负荷在同一个因子上的指标内容相关性比较高。通过这个程序,最终保留了4个指标,对这4个指标构成的"人心管理"问卷再进行主成分因子分析,用方差极大正交旋转对2个因子进行转轴处理,旋转后因子模型如表6-16所示。

表6-16 中国企业"人心管理"量表因子分析的因子负荷

	因子1	因子2
人心管理		
他化激励	0.35	0.911
主体激励	0.853	0.415
相互激励(员工)	0.614	0.674
相互激励(管理者)	0.892	0.358

根据表6-16显示,中国企业"人心管理"包括2个公因子,每个公因子的命名和含义如下:

第一公因子"管理者激励"。此公因子是关于"人心管理"的主体激励与管理者相互激励方面的内容。由此,利用这些指标对"管理者激励"的贡献度求出"管理者激励"公因子的值。

管理者激励=主体激励 0.853+相互激励(管理者) 0.892

第二公因子"员工激励"。此公因子是关于"人心管理"的他化激励与员工相互激励方面的内容。由此,利用这些指标对"员工激励"的贡献度求出"员工激励"公因子的值。

员工激励=他化激励 0.911+相互激励(员工) 0.674

2. 各所有制企业"人心管理"因子的比较

由表 6-17"管理者激励"公因子的比较可知,中外合资企业在管理者激励方面要弱于民营企业和国有企业,而民营企业与国有企业在管理者激励方面旗鼓相当。

由表 6-17 的"员工激励"公因子的比较可知,中外合资企业在员工激励方面要强于民营企业和国有企业,而国有企业与民营企业在这方面的管理能力基本相当。

表 6-17 各所有制企业"人心管理"公因子比较

	"管理者激励"的比较				
	均值差	P 值	95%置信下限	95%置信上限	结论
合资 v.s. 民营	−0.48337	0.002***	−0.78779804	−0.17893259	合资<民营
合资 v.s. 国有	−0.24631	0.101*	−0.54161042	0.04898112	合资<国有
民营 v.s. 国有	0.237051	0.193	−0.12238711	0.59648844	民营=国有
	"员工激励"的比较				
	均值差	P 值	95%置信下限	95%置信上限	结论
合资 v.s. 民营	0.7734	0***	0.47836298	1.06843645	合资>民营
合资 v.s. 国有	0.501763	0***	0.23569385	0.76783239	合资>国有
民营 v.s. 国有	−0.27164	0.104	−0.60008909	0.05681589	民营=国有

注 *:0.1 的显著水平下显著。

**:0.05 的显著水平下显著。

***:0.01 的显著水平下显著。

结论都是在 0.1 的显著水平下做出。

3. 回归分析结果

结合上述因子分析中各项公因子的值，做出"人心管理"回归方程。在此，通过因变量对影响因子的回归，可以判断哪些变量是显著的，哪些是不显著的，并可以利用回归方程进行预测和控制。回归方程如表6-18所示。

表6-18 各所有制企业"人心管理"回归方程各因子系数及常数项系数

模型	非标准化系数		标准化系数	T	显著性
	Beta	标准误	Beta		
中外合资企业					
常量	0.073	0.027		2.648	0.009
管理者激励	0.341	0.031	0.51	11.139	0
员工激励	0.352	0.029	0.554	12.092	0
民营企业					
常量	-0.047	0.047		-0.996	0.323
管理者激励	0.387	0.041	0.598	9.515	0
员工激励	0.416	0.041	0.643	10.234	0
国有企业					
常量	0.03	0.034		0.886	0.378
管理者激励	0.283	0.033	0.603	8.579	0
员工激励	0.403	0.038	0.74	10.526	0

中外合资企业管理绩效=管理者激励0.341+员工激励0.352+0.073

民营企业管理绩效=管理者激励0.387+员工激励0.461-0.047

国有企业管理绩效＝管理者激励 0.283＋员工激励 0.403＋0.03

由上述回归方程可见，显著性已达到显著水平，说明可以拒绝自变量都不能引起因变量的线性变化的虚无假设。对中外合资企业、民营企业、国有企业的每个变量的回归系数进行检验，发现在测量变量中"管理者激励"、"员工激励"变量在回归方程中的系数达到显著或极其显著的水平。

二、"人才管理"指标的统计分析

1. "人才管理"量表的因子分析

就"人才管理"量表的因子分析而言，通过主成分分析法将"人才管理"的一级指标设定为因子进行探索性因素分析，根据因子分析结果抽取指标，抽取指标原则有以下三个：①指标在因子上负荷要超过 0.6。②指标不能在两个或更多个因子上有较高负荷。③负荷在同一个因子上的指标内容相关性比较高。通过这个程序，最终保留了 10 个指标，对这 10 个指标构成的"人才管理"问卷再进行主成分因子分析，用方差极大正交旋转对 3 个因子进行转轴处理，旋转后因子模型如表 6—19 所示。

表 6—19　中国企业"人才管理"量表因子分析的因子负荷

	因子 1	因子 2	因子 3
人才管理			
分类原则	0.714		
能质能级对应	0.711		
容短原则			0.91
激励原则	0.765		
用人标准	0.831		
人才机制	0.688		

续表

	因子1	因子2	因子3
培训		0.883	
人才成长	0.701		
绩效	0.812		
人本管理	0.727		

根据表6-19显示，中国企业"人才管理"包括3个公因子，每个公因子的命名和含义如下：

第一公因子"用人"。此公因子是关于"人才管理"的分类原则、能质能级对应、激励原则、用人标准、人才机制、人才成长、绩效、人本管理方面的内容。由此，利用这些指标对"用人"的贡献度求出"用人"公因子的值。

用人＝分类原则0.714＋能质能级对应0.711＋激励原则0.765＋用人标准0.831＋人才机制0.688＋人才成长0.701＋绩效0.812＋人本管理0.727

第二公因子"培训"。此公因子是关于"人才管理"的培训方面的内容。由此，利用这一指标对"培训"的贡献度求出"培训"公因子的值为0.883。

第三公因子"容短原则"。此公因子是关于"人才管理"的容短原则方面的内容。由此，利用这一指标对"容短原则"的贡献度求出"容短原则"公因子的值为0.91。

2. 各所有制企业"人才管理"因子的比较

由表6-20"用人"公因子的比较可知，中外合资企业在用人方面与民营企业的管理水平旗鼓相当，但要强于国有企业，而民营企业在这方面也要强于国有企业。

由表6-20的"培训"公因子的比较可知，中外合资企业和国有企业比民营企业更注重员工的培训。

由表6-20"容短原则"公因子的比较可知，中外合资企业与民营企业在容短原则方面要强于国有企业。

表 6-20 各所有制企业"人才管理"公因子比较

	"用人"的比较				
	均值差	P值	95％置信下限	95％置信上限	结论
合资 v.s. 民营	0.198404	0.149	-0.05589709	0.45270421	合资=民营
合资 v.s. 国有	0.471572	0***	0.22390378	0.71924096	合资>国有
民营 v.s. 国有	0.273169	0.09*	-0.04508221	0.59141983	民营>国有
	"培训"的比较				
	均值差	P值	95％置信下限	95％置信上限	结论
合资 v.s. 民营	0.237179	0.066*	-0.01535834	0.48971561	合资>民营
合资 v.s. 国有	-0.17846	0.191	-0.44661901	0.08970363	合资=国有
民营 v.s. 国有	-0.41564	0.008***	-0.72143093	-0.10984171	民营<国有
	"容短原则"的比较				
	均值差	P值	95％置信下限	95％置信上限	结论
合资 v.s. 民营	0.048943	0.724	-0.22424964	0.32213558	合资=民营
合资 v.s. 国有	0.296989	0.021**	0.04504092	0.54893676	合资>国有
民营 v.s. 国有	0.248046	0.018	-0.05473331	0.55082504	民营>国有

注 *：0.1 的显著水平下显著。

**：0.05 的显著水平下显著。

***：0.01 的显著水平下显著。

结论都是在 0.1 的显著水平下做出。

3. 回归分析结果

结合上述因子分析中各项公因子的值，做出"人才管理"回归方程。在此，通过因变量对影响因子的回归，可以判断哪些变量是显著的，哪些是不显著的，并可以利用回归方程进行预测和控制。回归方程如表 6-21 所示。

表6-21 各所有制企业"人才管理"回归方程各因子系数及常数项系数

中外合资企业					
模型	非标准化系数		标准化系数	T	显著性
	Beta	标准误	Beta		
常量	-0.015	0.025		-0.59	0.556
用人	0.408	0.029	0.603	13.824	0
培训	0.274	0.028	0.431	9.787	0
容短原则	0.183	0.026	0.31	7.009	0
民营企业					
模型	非标准化系数		标准化系数	T	显著性
	Beta	标准误	Beta		
常量	-0.039	0.045		-0.881	0.381
用人	0.372	0.042	0.589	8.857	0
培训	0.288	0.046	0.416	6.297	0
容短原则	0.197	0.042	0.311	4.679	0
国有企业					
模型	非标准化系数		标准化系数	T	显著性
	Beta	标准误	Beta		
常量	0.035	0.03		1.157	0.25
用人	0.339	0.026	0.724	13.026	0
培训	0.241	0.025	0.527	9.726	0
容短原则	0.166	0.029	0.325	5.796	0

中外合资企业管理绩效＝用人0.408＋培训0.274＋容短原则0.183－0.015

民营企业管理绩效＝用人0.372＋培训0.288＋容短原则0.197－0.039

国有企业管理绩效＝用人0.339＋培训0.241＋容短原则0.166＋0.035

由上述回归方程可见，显著性已达到显著水平，说明可以拒绝自变量都不能引起因变量的线性变化的虚无假设。对中外合资企业、民营企业、国有企业的每个变量的回归系数进行检验,发现在测量变量中"用人"、"培训"、"容短原则"变量在回归方程中的系数达到显著或极其显著的水平。

第四节 中国企业管理模式的管理绩效统计分析

一、"管理绩效"量表的因子分析

就"管理绩效"量表的因子分析而言,通过主成分分析法将"管理绩效"的一级指标设定为因子进行探索性因素分析,根据因子分析结果抽取指标,抽取指标原则有以下三个:①指标在因子上负荷要超过 0.574。②指标不能在两个或更多个因子上有较高负荷。③负荷在同一个因子上的指标内容相关性比较高。通过这个程序,最终保留了 10 个指标,对这 10 个指标构成的"管理绩效"问卷再进行主成分因子分析,用方差极大正交旋转对 3 个因子进行转轴处理,旋转后因子模型如表 6-22 所示。

表 6-22 中国企业"管理绩效"量表因子分析的因子负荷

	因子1	因子2	因子3
管理绩效			
目标达成度	0.679		
联盟信任的达成度			0.831
声誉达成度			0.719
获利能力	0.774		
企业成长率		0.812	

续表

	因子1	因子2	因子3
各功能部门绩效达成度			0.574
联盟相似度		0.714	
创新	0.611		
系统性	0.728		
战略伙伴	0.667		

根据表6—22显示,中国企业"管理绩效"包括3个公因子,每个公因子的命名和含义如下:

第一公因子"成效"。此公因子是关于"管理绩效"的目标达成度、获利能力、创新、系统性、战略伙伴方面的内容。由此,利用这些指标对"成效"的贡献度求出"成效"公因子的值。

成效＝目标达成度0.679＋获利能力0.774＋创新0.611＋系统性0.728＋战略伙伴0.667

第二公因子"和合"。此公因子是关于"管理绩效"的企业成长率和联盟相似度方面的内容。由此,利用这些指标对"和合"的贡献度求出"和合"公因子的值。

和合＝企业成长率0.812＋联盟相似度0.714

第三公因子"信誉"。此公因子是关于"管理绩效"联盟信任的达成度、声誉达成度、各功能部门绩效达成度方面的内容。由此,利用这些指标对"信誉"的贡献度求出"信誉"公因子的值。

信誉＝联盟信任的达成度0.831＋声誉达成度0.719＋各功能部门绩效达成度0.574

二、各所有制企业"管理绩效"因子的比较

由表6—23"成效"公因子的比较可知,中外合资企业在成效方面要强于民营企业和国有企业,而民营企业在这方面的水平基本上和

国有企业相当。

由表 6-23 的"和合"公因子的比较可知,中外合资企业在和合方面要强于国有企业和民营企业,民营企业和国有企业基本相同。

由表 6-23"信誉"公因子的比较可知,中外合资企业与民营企业在信誉方面要强于国有企业,民营企业和中外合资企业基本相同。

表 6-23 各所有制企业"管理绩效"公因子比较

	"成效"的比较				
	均值差	P 值	95%置信下限	95%置信上限	结论
合资 v.s. 民营	0.349259	0.02**	0.05534513	0.64317292	合资>民营
合资 v.s. 国有	0.207737	0.093*	-0.03517554	0.45064938	合资>国有
民营 v.s. 国有	-0.14152	0.39	-0.4614557	0.1784115	民营=国有
	"和合"的比较				
	均值差	P 值	95%置信下限	95%置信上限	结论
合资 v.s. 民营	0.352485	0.01***	0.08510087	0.61986931	合资>民营
合资 v.s. 国有	0.3858	0.003***	0.13086438	0.64073652	合资>国有
民营 v.s. 国有	0.033315	0.829	-0.27028635	0.33691706	民营=国有
	"信誉"的比较				
	均值差	P 值	95%置信下限	95%置信上限	结论
合资 v.s. 民营	-0.1984	0.185	-0.49278698	0.09598967	合资=民营
合资 v.s. 国有	-0.20766	0.001*	-0.45623035	0.04090593	合资>国有
民营 v.s. 国有	-0.00926	0.0053	-0.31723134	0.29870423	民营>国有

注 *:0.1 的显著水平下显著。

**:0.05 的显著水平下显著。

***:0.01 的显著水平下显著。

第七章　中国企业管理模式实证结果讨论

本章根据第四章的理论模型以及第六章的统计检验结果展开分析，探讨中国国有企业、民营企业和中外合资企业管理模式的异同以及对未来中国国有企业、民营企业和中外合资企业管理绩效的控制与预测。

根据第六章的实证分析的结果，以中国国有企业252份、民营企业324份、中外合资企业324份有效样本问卷为分析对象，以"企业文化"、"人道管理"、"人谋管理"、"人缘管理"、"人心管理"、"人才管理"、"管理绩效"一级指标为分析内容进行因子分析，由国有企业、民营企业、中外合资企业管理模式的因子分析及回归方程可得公因子主要归纳为："企业文化"公因子为物质与制度、价值与行为；"人道管理"公因子为领导魅力、品质、权威；"人谋管理"公因子为谋划、策略；"人缘管理"公因子为礼与法、为人、五缘；"人心管理"公因子为管理者激励、员工激励；"人才管理"公因子为用人、培训、容短原则；"管理绩效"公因子为成效、和合、信誉。为此，以下分析主要以这些公因子所内含的东方管理文化因子为主要内容，分析中国国有企业、民营企业和中外合资企业的管理模式的优势、劣势，对各所有制企业的管理绩效产生的影响及对未来的预测与控制。

第一节 中国企业管理模式的结构模式实证结果讨论

一、中国企业"企业文化"影响因子的讨论

1. 中国企业"企业文化"影响因子的分析

中国企业"企业文化"影响因子的第一个公因子是"物质与制度",这是指企业要在生产环境、照明、绿化、工作服装、设备等物质条件上为企业文化的形成做好充分的准备。此外,企业在制度上还应形成厂纪厂规、奖善惩恶,形成法人治理结构,建立员工与员工、员工与管理者以及高层管理者与中低层管理者的沟通渠道,并建立员工建议制度。

中国企业"企业文化"影响因子的第二个公因子是"价值与行为",在价值体系方面主要指企业应树立"义利并举"、"以和为贵"、"仁者爱人"和"以人为本"的核心理念。对内,企业全体员工在追求个人合理利益的同时,要勇于承担社会责任,服务于社会,企业要培养员工对企业的忠诚度,要关爱员工的生命和安全,要使员工感到工作着是幸福的,在企业内部要形成平等、民主、以情为本的和谐氛围。对外,企业在讲求利润的同时,要注意在市场竞争中与竞争对手建立互赢互利的关系,使企业能够保持可持续发展的良好态势。在行为体系方面,企业要鼓励全体员工勤学、勤奋、守时、敬业、守法、自律、行善、精确和自我超越,注重员工的品质和凝聚力。企业内部各层级的管理者和员工之间应互相尊重,形成良好的工作氛围,在管理中求新求变、自强团结,实现高效管理,并具有共同承担风险的能力。

2. 中国各所有制企业"企业文化"影响因子的比较分析

由第六章"企业文化"影响因子统计分析可知,中外合资企业就

"物质与制度"公因子而言，要强于国有企业和民营企业，这是因为，在物质方面，中外合资企业在企业基础设施的建设方面，因资金充足，所以，在物质方面的建设比较完备。此外，中外合资企业在制度建设方面，更注重"法制"而非"人治"，因此，企业的厂纪厂规比较健全，奖惩制度的建立、员工建议制度的建立比较成熟。在这方面，民营企业和国有企业要逊于中外合资企业，企业内部"人治"的现象比较突出，以情为本的观念根深蒂固地存在于民营企业与国有企业中，厂纪厂规的执行往往被企业内的各种关系所取代。

就"价值与行为"公因子而言，国有企业要强于中外合资企业和民营企业，国有企业在管理理念的形成方面，要优于其他企业。企业管理核心理念"以和为贵"、"仁者爱人"及"以人为本"的形成是国有企业企业文化的重要体现，国有企业在精神价值系统建设方面的最大优势在于传统精神资源的积累深厚，如果能够与时俱进，在先进精神价值的引导下发扬光大，必将产生巨大的精神能量。此外，国有企业领导非常注重企业内部的团结和凝聚力，员工的社会责任感和服务社会的意识比较强，在管理中求新求变成为国有企业改革的重要体现。民营企业推行企业文化管理存在着心有余而力不足的状况，现有的贯穿于企业经营的价值理念，许多是长期经营中自发地无意识积累形成的，带有浓厚的经验色彩，零碎而不稳定，许多企业陷入家族式文化的陷阱，并且具有浓厚的唯功利性。中外合资企业合资双方在价值观念上的差异，导致管理理念的冲突；同时，由于儒家文化的沟通习惯与西方文化的沟通习惯存在着明显差异，导致中外合资企业中信息传递的失真与误解，使企业在行为规范方面存在很大的缺陷。

二、中国企业"人道管理"影响因子的讨论

1. 中国企业"人道管理"影响因子的分析

中国企业"人道管理"影响因子的第一个公因子是"领导魅力"，这是指企业管理者在领导企业的过程中，首先必须注意自身应该具有进取、自律、诚实、正直、自信、勇气、公正和道德修养等人格，对

企业、对社会、对员工应负有重大责任,关注员工的福利、信赖下属、尊重下属、鼓励员工,对下层管理者寄予厚望并注意给予智能的激发。同时,作为企业领导者,应具有稳健、创新、仁爱、和谐的风格,在管理中应以任务为导向,注重企业中人际关系的和谐,设定挑战性目标并鼓励员工达到目标。此外,作为企业管理者,在工作中应注意知识的积累和学习能力的提高,在管理中灵活多变并具有洞察力、决策力、执行力和应对各种突发事件和风险的能力。

中国企业"人道管理"影响因子的第二个公因子是"品质",这是指作为企业管理者,无论处于哪一个层级,都应忠贞于共产党、笃学善思,做到德才兼备、淡泊明志,使自己成为一个具有优秀品质的企业领导,这是企业管理获得成功的必备条件。

中国企业"人道管理"影响因子的第三个公因子是"权威",作为企业管理者,具有一定的权威是管理中必不可少的条件之一,在此,企业管理者在讲求民主的同时,要注意集权,在广泛听取各个层次的管理者和员工建议的基础上,注意集中领导。

2. 中国各所有制企业"人道管理"影响因子的比较分析

由第六章"人道管理"影响因子统计分析可知,中外合资企业就"领导魅力"公因子而言要强于民营企业和国有企业,这表明,中外合资企业的管理者更注重自律、自信、进取,以员工为导向。如前所述,中外合资企业有着技术、资金及管理的优势,为吸引最有才华的雇员,他们往往为员工提供较好的工作环境和个人发展机会,对员工寄予厚望并激发他们的智能。而国有企业由于低效率、低效益以及腐败,一些国有企业处于困难局面。国有企业的管理者大都只关心怎样完成任务以满足政府的要求,而这种要求往往超过了国有企业的能力。又由于国有企业的管理层对雇用和解雇员工的权限非常有限,因而,他们对员工的个人利益和发展不甚关心。民营企业的管理者在管理风格上表现得比较武断专行、目光短视,决策随意,盲目多元,重业务轻管理,缺乏民主、缺少对下属的信任。

就"品质"公因子而言,国有企业和民营企业的管理者要优于中外合资企业。国有企业的管理者具有较强的政治意识,立场坚定,顾全大局，对企业、社会和员工具有很强的责任感，由于国有企业的高层管理者都是国家经过严格的筛选而任命的，因而，具有德才兼备、淡泊明志的个人品质。而中外合资企业的管理者由于合资双方文化和价值观的差异和冲突，合资双方管理者对功利的追求比较强烈。民营企业的管理者缺乏理应具备的基本素质，学习能力较弱，缺乏长远的发展目光。

就"权威"公因子而言，国有企业、民营企业和中外合资企业对于企业中的权威都很重视，但由于企业所有制不同，因而，其权威性也各有不同。国有企业的高层领导因平时管理倾向于任务导向，员工的权益及参与往往受到忽视，因此，其权威主要建立在集权的控制上；民营企业由于其大多具有家族管理的特征，因此，其权威性主要体现为家长式的领导；中外合资企业更注重员工的参与与领导的民主风格，因此，其权威主要建立在民主的基础之上。

三、中国企业"人谋管理"影响因子的讨论

1. 中国企业"人谋管理"影响因子的分析

中国企业"人谋管理"影响因子的第一个公因子是"谋划"，主要指企业在战略管理中首先要讲求系统性，如收集信息、做出计划、制定策略；其次要讲求科学性，如对市场的预测、企业经营活动过程中的预算以及对计划和预算做必要的定量分析；再次要讲求信息情报的收集要做到高效、灵敏和准确；最后是如何制定战略联盟，讲求企业和其他企业的联盟的收益对称、风险共担，提升企业对外部环境的适应力和提升自身核心竞争力。

中国企业"人谋管理"影响因子的第二个公因子是"策略"，主要指企业在战略管理中要讲求策略，注意团队的力量，充分发挥智囊团的作用，集思广益。此外，谋略在企业战略管理中也非常重要，作为高层管理者要有远见和智慧，注意多元化经营和价值链定位，谋定而后动，做到顾客价值最大化、社会价值最大化和股东员工价值最大化。最后，作为企业高层领导还应不断创新，打破常规，培养自己具

有超凡的洞察力、想象力和预见力。

2. 中国各所有制企业"人谋管理"影响因子的比较分析

由第六章"人谋管理"影响因子统计分析可知,国有企业就"谋划"公因子而言要强于中外合资企业和民营企业。这是由于国有企业所拥有的产业对国计民生来说都有重要的影响,其涉及到国家战略产业的发展,因而,国有企业的发展具有较大的战略谋划能力,对未来发展战略目标的制定具有较大的系统性和科学性。中外合资企业合资双方的合作是建立在互相利用对方竞争优势的基础上,许多与中方合资的外资企业经过一定时期合资经营、获得他们所短缺的经营资源后就走独资发展的道路,合资双方往往关注的是各自从对方获得的短期利益,缺乏长远谋划的能力。民营企业则缺乏战略管理意识和系统性、科学性,战略制定具有盲目性,由于缺乏战略目光,往往不能把握最佳时机进行战略调整,忽视企业发展战略的实施和控制。

就"策略"公因子而言,中外合资企业要优于国有企业和民营企业。中外合资企业在企业管理中由于具有较为丰富的在市场经济中经营的经验,更注重股东和员工的利益、顾客价值最大化和社会价值最大化,在企业经营策略的制定中更富于经验,善于打破常规,对市场具有一定的洞察力和预见能力。国有企业在企业经营策略的制定上缺乏独立判断能力,具有"航母情结",贪大而不图强,在对企业经营的战略评价上往往见树不见林,强调短期的财务指标。民营企业在制定企业经营策略时缺乏有效的战略选择和战略管理,所做策略缺乏战略分析和战略目标,因此,在企业经营策略上具有较大的盲目性。

四、中国企业"人缘管理"影响因子的讨论

1. 中国企业"人缘管理"影响因子的分析

中国企业"人缘管理"影响因子的第一个公因子是"礼与法",主要指企业经营管理中讲求情、理、法,管理者在处理企业内部各种矛盾时遵章守法,不感情用事,理智地解决各种冲突和矛盾;建立学习型组织,让信息在企业中迅速、准确地流动,给员工创造更多的学

习机会，提高知识的透明度，让全体员工共同分享，提高员工的学习能力；在企业内部，建立良好的人际关系，提倡团队精神，激励员工彼此之间具有协同感和归属感，为了共同的目标而努力，给予员工一定的自主性，使他们能在团队中各有所长，并得到充分发挥；以优秀的企业文化为导向，规范和协调企业内员工和管理者的行为，增强企业的凝聚力。

中国企业"人缘管理"影响因子的第二个公因子是"为人"，主要指在企业经营管理中，作为领导者对各项冲突和矛盾要做到合理、适度的解决，以和谐为宗旨解决企业内部的一切矛盾。同时，企业领导者应以身作则，亲近员工和各层级的管理者，在员工中间讲求团结和信誉，从而使员工服从你、依赖你，形成良好的干群关系，真正达到"安人"的目的。

中国企业"人缘管理"影响因子的第三个公因子是"五缘"，主要指企业在经营管理过程中，无论是对内还是对外，要讲求建立和谐的人际关系，建立亲缘、地缘、文缘、商缘和神缘，以此建立广泛的人际关系网络，为企业开拓市场提供广泛的人脉关系，为企业内部凝聚力的增强提供必要的情感依赖途径。

2. 中国各所有制企业"人缘管理"影响因子的比较分析

由第六章"人缘管理"影响因子统计分析可知，中外合资企业在"礼与法"方面要强于国有企业和民营企业。中外合资企业在管理中讲求民主、自律的同时，非常注重企业各种制度的建立和执行，严格照章办事，在管理中多讲求"法治"而不是"人治"，对于上下沟通的渠道的建立也非常重视，善于建立各种学习渠道和提供机会，提升员工相互之间的学习能力，并以此提升企业员工的团队精神和协同感。国有企业法制观念淡薄，"人治"思想浓厚，参与式和民主式管理未能真正落实，不太善于学习，盲目照搬国外的一些管理经验，激励机制不健全，在管理中多采用专制的领导方式，企业缺乏合理的规章制度，人际方面与信息方面的不公平现象比较严重，员工总体满意度不高。民营企业的管理态势主要反映在"人治"上，企业内部以上级命令为准绳，缺乏严格的规章制度和激励机制，人际关系复杂，不能给员工创造充分的学习机会,企业内部缺乏民主管理,员工的参与感不强,企业内部"差序格局"的人际关系特征明显,员工的凝聚力不强。

就"为人"公因子而言,国有企业、民营企业和中外合资企业三者旗鼓相当,但具体内容却不尽相同。国有企业的高层管理者对于企业内部的各种矛盾的处理较注重合理性和适度,讲求企业内部的和谐;民营企业的高层管理者更注重以情动人,通过对员工的亲切指导,从而使员工更加服从上面的指令,对管理者产生更多的依赖;中外合资企业的高层管理者则常常通过信德,做事说到做到、以身作则、博学来提高自己的威信,从而使员工对管理者产生更多的敬佩之感。

就"五缘"公因子而言,中外合资企业在五缘方面要强于国有企业和民营企业,它们不仅善于利用中方合资者通过亲缘、文缘、神缘在中国市场上建立广泛的商业人脉网络,而且充分利用它们在国际市场上的商缘、地缘关系建立国际市场商业人脉网络,使它们的产品在中国及国际市场具有广泛的市场潜力。国有企业和民营企业在"五缘"方面的实力可以说是旗鼓相当,国有企业更多的是利用政府资源以及文缘和商缘,而民营企业则更多地利用亲缘、地缘和神缘开拓它们在中国的市场。

第二节 中国企业管理模式的支撑模式实证结果讨论

一、中国企业"人心管理"影响因子的讨论

1. 中国企业"人心管理"影响因子的分析

中国企业"人心管理"影响因子的第一个公因子是"管理者激励",主要指作为管理者只有通过自己的努力才能激励员工共同努力,对员工要讲求仁爱、民主、公正,对自己要有责任感和自律,要明察

企业内部的各种冲突和矛盾，清正廉洁，工作讲求效率，以情动人，真诚、友好地对待员工。此外，在管理中要尊重每一位员工的人格和自尊，发扬民主，信任每一位员工，与员工休戚相关，在工作中将自己的情感和员工的情感融为一体。

中国企业"人心管理"影响因子的第二个公因子是"员工激励"，主要指作为员工，当企业通过提薪、发奖金、发商品、休假、培训等管理手段激励自己时，自己则应更加努力工作，特别是受到表扬和晋级，应以此为荣，向自己提出更高的努力目标。此外，员工在工作中应积极进取，对企业忠诚，自强而精确地做好自己的本职工作。

2. 中国各所有制企业"人心管理"影响因子的比较分析

由第六章"人心管理"影响因子统计分析可知，中外合资企业在"管理者激励"方面要弱于民营企业和国有企业，而民营企业与国有企业在管理者激励方面则旗鼓相当。中外合资企业的管理者在对员工的关爱方面做得不够，与员工之间不能做到以情感人，缺乏对员工的信任度。国有企业的管理者比较重视对员工、对社会、对国家的责任，与员工能友好相处，在日常工作中真正做到与员工休戚与共。民营企业的管理者对员工往往能近距离交流和沟通，工作勤勉、努力，对自己的行为能保持自律。

就"员工激励"公因子而言，中外合资企业要比国有企业和民营企业做得更好，它们在提高员工福利、晋级方面做得比较周全，再如休假制度的建立、对员工的目标激励，与员工之间有一种心理契约，告知员工努力工作对其事业的发展将带来更大的好处。同时，员工对工作精益求精，注重工作的精确性，强调员工的自强和进取。国有企业的员工所受到的目标激励较少，对于员工而言，只要做好本职工作就行，对于工作的精确度没有中外合资企业要求高，因工作出色而得到晋级的机会相对而言比较少，员工缺乏积极进取的精神。民营企业缺乏合理的薪酬和激励机制，缺乏科学的绩效评估体系，对员工的培训重视不够，员工福利较之中外合资企业少，员工对于事业的进取心没有中外合资企业的员工强，对于工作质量的要求并不是很高，其工作效率也不是很高。

二、中国企业"人才管理"影响因子的讨论

1. 中国企业"人才管理"影响因子的分析

中国企业"人才管理"影响因子的第一个公因子是"用人",主要指在企业人力资源管理中,第一,要坚持分类原则,在用人时注重用人唯贤、量才使用,管理者或技术人员配置合理,并根据需要不断地进行调整;第二,要做到能质能级对应,知人善任,让员工民主参与,充分放权;第三,注重激励原则,对员工的才能和表现要多加欣赏,用情感激励员工,并建立制度激励机制;第四,制定合适的用人标准,注意员工及管理者的德行操守、工作能力、智慧、毅力、远见卓识、公正性、事业心和各种专业技术特长;第五,在人才机制方面,要建立制度环境、政策环境、聚才环境、用人环境和育才环境;第六,在人才成长方面要注意让有能力的员工和管理者出去进修,进行轮岗培训,选拔优秀人才给予晋级,淘汰无能的管理人员;第七,在工作绩效方面,要做好计划、沟通、评价等工作;第八,在人本管理方面,要培养员工的群体精神、正确的人生观和职业道德。

中国企业"人才管理"影响因子的第二个公因子是"培训",主要指在人力资源管理过程中,培训是一项非常重要的工作,在这方面要做好基本技能培训、岗位培训、专业培训和学历培训。

中国企业"人才管理"影响因子的第三个公因子是"容短原则",这要求企业管理者在工作中要有用人的气度,允许员工或下属的工作失误或过错,包容各种不同性格、不同才能的人,从而使企业内人才辈出。

2. 中国各所有制企业"人才管理"影响因子的比较分析

由第六章"人才管理"影响因子统计分析可知,中外合资企业和民营企业在"用人"方面要强于国有企业。中外合资企业非常重视人力资源管理者的素质,加强人力资源管理队伍的建设,利用信息技术,提高人力资源管理效率,特别是在制度环境、聚才环境、用人环境和育才环境方面进行了大量的投入。民营企业在人力资源管理方面

呈现的特点是，机构精简、组织层次少，对市场反应灵敏，机制灵活，能够吸引大批人才，降低了监督、激励成本。国有企业在用人方面，存在着诸多不足，如用人制度不合理，许多企业沿用传统的行政委任制，权钱用人的现象比较严重，真正的人才却因这种用人制度而大量埋没。此外，用人不当，管理者的选拔任用不科学，导致一些管理者自视过高，独断专行，员工产生压抑感，使工作很难展开。

就"培训"公因子而言，中外合资企业比国有企业和民营企业更注重对员工的培训。为了使合资双方员工能更好地融合在一起，互相学习彼此的长处和工作经验，中外合资企业非常注重创造各种学习机会，鼓励员工努力学习，在注重中外文化交流、语言学习的过程中，开办各种文化、技术培训项目，对企业员工进行进一步的素质提高和能力培养。民营企业"人才短缺"和"人员富余"问题并存，员工素质不高，企业缺乏相应的培训机制用以提高员工的文化和技能。许多民营企业普遍缺乏挖掘和培养企业自己人才的中长期计划意识，出现只用人而不培养人的状况，缺乏对人才培养的自信。许多国有企业并不重视员工的培训和继续教育工作，企业人才培训还没有和员工敬业爱岗、管理能力、创新精神以及自身价值等综合为一个整体去统筹考虑，还没有树立"终身接受培训"的观念。

就"容短原则"公因子而言，中外合资企业和民营企业要强于国有企业。中外合资企业由于员工来自合资双方，因而，双方员工在文化、习俗方面存在冲突与矛盾时，合资各方尽可能地采取包容的态度，使矛盾淡化甚至化解。民营企业由于人才短缺，从市场获得优秀人才并非易事，又由于企业内部没有完善的培养人才的机制，因而，对于在工作中有过失的人才企业管理者只能尽可能将失误淡化，采取包容的态度留住人才。国有企业相对于中外合资企业而言，其员工内部的矛盾并不尖锐；在培养人才方面有着较为完备的机制，企业内部人才相对于民营企业而言要充沛得多，因此，对于各种人才的包容性要逊于民营企业。

第三节 中国企业管理模式的管理绩效实证结果讨论

1. 中国企业"管理绩效"影响因子的分析

中国企业"管理绩效"影响因子的第一个公因子是"成效",第一,主要指企业在市场开拓、人才培养、产品研发、企业发展等方面是否达成了预先设定的目标;第二,指企业的获利能力如何,如销售额、利润、净资产收益率和投资收益率的获得的多少;第三,指企业的创新能力究竟达到一个怎样的水平,如产品创新、管理创新、技术创新等;第四,主要指市场份额、收入稳定性、员工的旷工率、资金周转率、员工满意度等系统方面的问题;第五,指企业外部与战略伙伴之间的关系,这些关系包括投资者、债权人、顾客、政府部门及劳工组织。

中国企业"管理绩效"影响因子的第二个公因子是"和合",主要指当企业与联盟企业的企业文化与价值观逐渐融合时,呈现和谐的合作氛围从而使企业员工人数得以增长、企业规模由此而得以发展。

中国企业"管理绩效"影响因子的第三个公因子是"信誉",主要指企业与供应商和销售商之间的合作是否诚信可靠、相互尊重、顾及双方利益;企业高层管理者的管理水平、道德水平是否得到员工与社会的公认,产品质量是否提高;企业是否更注重计划与组织管理、进行管理控制和管理决策,实现目标管理。

2. 中国各所有制企业"管理绩效"影响因子的比较分析

由第六章"管理绩效"影响因子统计分析可知,中外合资企业在"成效"方面要强于民营企业和国有企业。由于中外合资企业有一套较为完备的绩效评估体系,对销售额、利润、研发费用、净资产收益率、投资收益率等有较为科学的评估,因而使中外合资企业能有效地掌控企业的发展。民营企业的"管理绩效"只有考核结果,没有绩效沟通、反馈与改进,忽视了"管理绩效"的其他几个环节的工作,"管理绩效"游离于企业战略目标之外,对战略目标的实现没有起到支撑与支持作用。国有企业的绩效考核缺乏系统性、缺乏一个科学的标准,主观因素较浓,对考核对象也不甚明确,对考核的结果无法有效利用。

就"和合"公因子而言,中外合资企业要强于民营企业和国有企业,由于合资双方来自不同的国家,因而,为合资企业带来了不同的市场,从而使中外合资企业既拥有国内市场又拥有国外市场,并且,中外合资企业在对外结盟时又拥有丰富的合作经验,在企业文化与价值观方面更容易与联盟企业进行融合。而国有企业和民营企业则更多的市场经验来自国内市场,在解决与联盟企业文化与价值融合问题方面的经验要逊于中外合资企业。因此,就"和合"公因子而言,中外合资企业占有绝对优势。

就"信誉"公因子而言,中外合资企业和民营企业要强于国有企业。由于中外合资企业与民营企业的供应商和销售商都是通过它们与其他企业激烈竞争之后而获得的,因而,这些企业具有很强的核心竞争力,企业产品质量的保证、企业计划与组织的管理和控制都是非常精确和严格的。国有企业由于在市场上的许多产业具有垄断性,因而,其企业产品的市场竞争就没有中外合资企业和民营企业的产品那样竞争激烈,与供应商和销售商的关系的建立就没有中外合资企业和民营企业与供应商和销售商的关系那样密切。

第四节 中国企业管理模式影响因子的预测与控制

一、中国企业管理模式的结构模式影响因子的预测与控制

1. 中国企业管理模式"企业文化"影响因子的预测与控制
(1) 中外合资企业"企业文化"管理绩效影响因子的预测与控

制。由第六章统计分析对中外合资企业"企业文化"管理绩效的回归方程分析可知,"物质与制度"与管理绩效之间的相关系数为0.325,在0.000的显著性水平下显著为正,表明"物质与制度"与管理绩效有显著的正相关关系;"价值与行为"与管理绩效之间的相关系数为0.32,在0.000的显著性水平下显著为正,表明"价值与行为"与管理绩效有显著的正相关关系,下面我们逐一对这些因子就未来如何预测与控制做一定的分析。

1) 中外合资企业"物质与制度"与管理绩效的预测与控制。由上述分析可知,"物质与制度"内含的影响因子包括了企业文化中物质体系的生产环境、照明、绿化、音乐、工作服装、设备,制度体系的厂纪厂规、奖善惩恶、集权、人治、法人治理结构、沟通机制、员工建议制度。据此,中外合资企业在未来的企业文化建设中应加强物质文化与制度文化的建设,分批、分期地为企业员工建设和提供安全的工作环境和休闲场所,将企业的整体形象树立起来,对外求得社会公众对企业的深层次、立体化的认同。在制度建设方面,企业要勇于创新,破解合资双方在制度建设中的冲突和矛盾,互相学习、借鉴对方的制度优势,在理解、互信和融合中不断完善中外合资企业的管理制度。

2) 中外合资企业"价值与行为"与管理绩效的预测与控制。由上述分析可知,"价值与行为"内含的影响因子包括了企业文化中价值体系的义利并举、育人、服务、社会责任、平等、民主、幸福、忠诚、以情为本、利润、互赢互利、关爱与安全、和谐、可持续发展、合理个人利益,行为体系的勤学、勤奋、守时、敬业、信誉、守法、自我超越、自律、行善、环境保护、尊重、精确、关系、求新求变、自强团结、管理高效、注重品质、凝聚力、风险。据此,中外合资企业在未来的发展过程中要逐渐化解合资双方在企业文化核心理念及价值观方面的冲突与矛盾,合资双方要彼此认同对方的价值观和管理理念,通过提炼和融合,形成最优价值观和管理理念。同时,中外合资企业在企业内部为了更好地学习合资双方员工的长处,企业应形成勤奋学习、努力工作、彼此尊重的良好的工作、学习氛围。

(2) 民营企业"企业文化"管理绩效影响因子的预测与控制。由第六章统计分析对民营企业"企业文化"管理绩效的回归方程分析可知,"物质与制度"与管理绩效之间的相关系数为 0.344,在 0.000 的显著性水平下显著为正,表明"物质与制度"与管理绩效有显著的正相关关系;"价值与行为"与管理绩效之间的相关系数为 0.412,在 0.000 的显著性水平下显著为正,表明"价值与行为"与管理绩效有显著的正相关关系,下面我们逐一对这些因子就未来如何预测与控制做一定的分析。

1) 民营企业"物质与制度"与管理绩效的预测与控制。由上述分析可知,"物质与制度"内含的影响因子包括了企业文化中物质体系的生产环境、照明、绿化、音乐、工作服装、设备,制度体系的厂纪厂规、奖善惩恶、集权、人治、法人治理结构、沟通机制、员工建议制度。据此,民营企业在未来的发展过程中应加大对企业硬件的建设,加大对厂区内外部环境建设、设备更新、工作环境优化的投资力度,建立健全完善的管理制度,在企业内部重视员工与员工、员工与管理者之间沟通渠道的建设,就企业未来发展充分听取员工及下属管理者的意见和建议,在企业内部形成民主、开放、包容的工作氛围。

2) 民营企业"价值与行为"与管理绩效的预测与控制。由上述分析可知,"价值与行为"内含的影响因子包括了企业文化中价值体系的义利并举、育人、服务、社会责任、平等、民主、幸福、忠诚、以情为本、利润、互赢互利、关爱与安全、和谐、可持续发展、合理个人利益,行为体系的勤学、勤奋、守时、敬业、信誉、守法、自我超越、自律、行善、环境保护、尊重、精确、关系、求新求变、自强团结、管理高效、注重品质、凝聚力、风险。据此,民营企业在企业价值观与核心理念形成方面,在企业未来企业文化的建设中,要将传统文化、家族经营管理文化与现代企业制度进行融合,实施"人本管理"的管理理念和方法,强化企业的使命感,在行为规范上倡导学习型企业文化,培养员工高度的使命感和责任感,使员工自律、自我超越、勇于创新,通过企业文化的建设,提升员工的整体素质和企业形象。

(3) 国有企业"企业文化"管理绩效影响因子的预测与控制。由第六章统计分析对国有企业"企业文化"管理绩效的回归方程分析可知,"物质与制度"与管理绩效之间的相关系数为 0.29,在 0.000 的显著性水平下显著为正,表明"物质与制度"与管理绩效有显著的正相关关系;"价值与行为"与管理绩效之间的相关系数为 0.29,在 0.000 的显著性水平下显著为正,表明"价值与行为"与管理绩效有显著的正相关关系,下面我们逐一对这些因子就未来如何预测与控制做一定的分析。

1) 国有企业"物质与制度"与管理绩效的预测与控制。由上述分析可知,"物质与制度"内含的影响因子包括了企业文化中物质体系的生产环境、照明、绿化、音乐、工作服装、设备,制度体系的厂纪厂规、奖善惩恶、集权、人治、法人治理结构、沟通机制、员工建议制度。据此,国有企业在未来的物质文化建设中,要强化企业形象和品牌建设,美化厂区工作环境,注重照明、绿化、音乐、工作服装等优化;同时,就制度建设方面,应将软件管理与硬件管理结合起来,既注重各种规章制度的建立,又兼顾员工积极性的发挥,在生产经营中着重发挥企业文化的引导功能。

2) 国有企业"价值与行为"与管理绩效的预测与控制。由上述分析可知,"价值与行为"内含的影响因子包括了企业文化中价值体系的义利并举、育人、服务、社会责任、平等、民主、幸福、忠诚、以情为本、利润、互赢互利、关爱与安全、和谐、可持续发展、合理个人利益,行为体系的勤学、勤奋、守时、敬业、信誉、守法、自我超越、自律、行善、环境保护、尊重、精确、关系、求新求变、自强团结、管理高效、注重品质、凝聚力、风险。据此,国有企业在未来的发展过程中,首先要注重继承与发展的关系,国有企业在长期的实践中积累了不少精神财富,其中有许多精神、作风、礼俗值得我们继承和发扬,如义利并举、以情为本、社会责任等,但继承的目的是为了更好地发展;同时,对于国外的价值观、核心理念要批判地吸取,不断优化国有企业的价值观和核心理念。在管理行为上,国有企业员工的素质一般要优于民营企业和中外合资企业,但风险意识不强,为此，企业在原有的基础上要加强员工整体素质的提高，提高全体员工的抗风险能力，强化员工的学习能力和心理素质，形成一支高效、自强团结的员工队伍。

2. 中国企业管理模式"人道管理"影响因子的预测与控制

（1）中外合资企业"人道管理"管理绩效影响因子的预测与控制。由第六章统计分析对中外合资企业"人道管理"管理绩效的回归方程分析可知，"领导魅力"与管理绩效之间的相关系数为0.437，在0.000的显著性水平下显著为正，表明"领导魅力"与管理绩效有显著的正相关关系；"品质"与管理绩效之间的相关系数为0.202，在0.000的显著性水平下显著为正，表明"品质"与管理绩效有显著的正相关关系；"权威"与管理绩效之间的相关系数为0.105，在0.000的显著性水平下显著为正，表明"权威"与管理绩效有显著的正相关关系，下面我们逐一对这些因子就未来如何预测与控制做一定的分析。

1）中外合资企业"领导魅力"与管理绩效的预测与控制。由上述分析可知，"领导魅力"内含的影响因子包括"人道管理"中的人格、责任、天道、风格、智慧、能力、品质。据此，作为中外合资企业的高层管理者，在未来的合资企业发展过程中，要注重自身人格的修炼和养成，注重员工导向的领导方式，合资双方管理者要互相学习彼此的长处和经验，丰富自己的学识和能力，通过领导魅力来管理和影响合资双方的员工和下属。

2）中外合资企业"品质"与管理绩效的预测与控制。由上述分析可知，"品质"内含的影响因子主要是指"人道管理"中的品质。据此，作为中方管理者在未来企业发展过程中要忠贞于共产党，在与外方管理者共事时要善于学习和思考，淡泊明志、德才兼备，与外方管理者取长补短，不断提升自身的品质，用于影响和感化合资双方员工。

3）中外合资企业"权威"与管理绩效的预测与控制。由上述分析可知，"权威"内含的影响因子主要指"人道管理"中的权威。据此，作为中外合资企业的高层管理者应该拥有相当的权威，在未来的管理过程中,要善于运用权力管理企业,合资双方高层管理者要相互尊重与融洽,努力维护双方的权威,只有这样才能使下属及员工更好地服从上级领导,使双方高层管理者在企业中的威望得到全体员工的认同。

(2) 民营企业"人道管理"管理绩效影响因子的预测与控制。由第六章统计分析对民营企业"人道管理"管理绩效的回归方程分析可知,"领导魅力"与管理绩效之间的相关系数为 0.499,在 0.000 的显著性水平下显著为正,表明"领导魅力"与管理绩效有显著的正相关关系;"品质"与管理绩效之间的相关系数为 0.186,在 0.000 的显著性水平下显著为正,表明"品质"与管理绩效有显著的正相关关系;"权威"与管理绩效之间的相关系数为 0.144,在 0.001 的显著性水平下显著为正,表明"权威"与管理绩效有显著的正相关关系,下面我们逐一对这些因子就未来如何预测与控制做一定的分析。

1) 民营企业"领导魅力"与管理绩效的预测与控制。由上述分析可知,"领导魅力"内含的影响因子包括"人道管理"中的人格、责任、天道、风格、智慧、能力、品质。据此,民营企业的高层管理者在未来的企业发展过程中要显示自信、自尊、自主、高超的交际能力以及解决内部冲突的能力,以自己的领导魅力鼓励下属对企业的忠诚、奉献精神,激发下属对组织愿景及使命的热情。

2) 民营企业"品质"与管理绩效的预测与控制。由上述分析可知,"品质"主要指"人道管理"中的品质。据此,民营企业领导在未来企业发展过程中要懂得善于提升自身的修养和品质,忠贞于共产党,笃学善思,用自己的品质为员工做表率,引导员工勤奋工作与学习,忠诚于企业,提升全体员工的综合素质,从而提升整个企业的形象和综合竞争力。

3) 民营企业"权威"与管理绩效的预测与控制。由上述分析可知,"权威"主要指"人道管理"中的权威。据此,民营企业的高层管理者在未来的企业发展过程中,要将民营企业中家长式的领导权威逐渐演化成以员工为导向的民主式的领导权威,通过一定的民主管理,在企业中形成一种良好的工作氛围,在此基础上给予一定的集权管理，以高层管理者的人格与品质树立一定的权威来影响和领导全体员工，成为"内圣外王"的领导者。

（3）国有企业"人道管理"管理绩效影响因子的预测与控制。由第六章统计分析对国有企业"人道管理"管理绩效的回归方程分析可知，"领导魅力"与管理绩效之间的相关系数为 0.413，在 0.000 的显著性水平下显著为正，表明"领导魅力"与管理绩效有显著的正相关关系；"品质"与管理绩效之间的相关系数为 0.148，在 0.002 的显著性水平下显著为正，表明"品质"与管理绩效有显著的正相关关系。

1) 国有企业"领导魅力"与管理绩效的预测与控制。由上述分析可知，"领导魅力"内含的影响因子包括"人道管理"中的人格、责任、天道、风格、智慧、能力、品质。据此，国有企业领导在未来的企业发展中，应不断提升自身的领导魅力，注意洞察力、决策力、执行力、创新力、应对力和亲和力的养成，努力建设"政治素质好、经营业绩好、团结协作好、作风形象好"的领导团队。

2) 国有企业"品质"与管理绩效的预测与控制。由上述分析可知，"品质"主要指"人道管理"中的品质。据此，作为国有企业的高层领导，在未来企业发展过程中要面对越来越激烈的国内外市场的竞争，企业要获得核心竞争力，其关键在于领导者自身的优秀品质的养成和全体员工综合素质的提高。在此，作为国有企业的高层管理者一定要以"人为为人"为行动宗旨，以自己的优秀品质去影响和领导全体员工，以高度的责任感和主人翁意识做好工作，使自己成为一个具有创新意识、民主意识、群众意识，为全体员工所公认的优秀领导者。

3. 中国企业管理模式"人谋管理"影响因子的预测与控制

（1）中外合资企业"人谋管理"管理绩效影响因子的预测与控制。由第六章统计分析对中外合资企业"人谋管理"管理绩效的回归方程分析可知，"谋划"与管理绩效之间的相关系数为 0.329，在 0.000 的显著性水平下显著为正，表明"谋划"与管理绩效有显著的正相关关系；"策略"与管理绩效之间的相关系数为 0.395，在 0.000

的显著性水平下显著为正,表明"策略"与管理绩效有显著的正相关关系,下面我们逐一对这些因子就未来如何预测与控制做一定的分析。

1) 中外合资企业"谋划"与管理绩效的预测与控制。由上述分析可知,"谋划"内含的影响因子主要为系统性、科学性、信息情报、战略联盟。据此,作为中外合资企业,在未来激烈的市场竞争中要使企业能够得到长久的可持续发展,就必须有很好的谋划,充分发挥合资双方在国际、国内市场的优势,建立健全企业内外的信息网络以及系统、科学的战略规划,实现全球战略,获得更大的企业利益;共同的利益使合资双方的战略联盟存在坚实的基础。

2) 中外合资企业"策略"与管理绩效的预测与控制。由上述分析可知,"策略"内含的影响因子主要为团队、谋略、创新。据此,作为中外合资企业,在未来的发展过程中,合资双方要合理化解"集体主义"与"个人主义"的文化冲突,团结、凝聚企业中的每一位员工和管理者,培养员工的团队精神,创新管理理念,树立远大目标,策划好企业未来发展规划与远景,将全体员工演练成为内和外争的坚强团队。

(2) 民营企业"人谋管理"管理绩效影响因子的预测与控制。由第六章统计分析对民营企业"人谋管理"管理绩效的回归方程分析可知,"谋划"与管理绩效之间的相关系数为 0.388,在 0.000 的显著性水平下显著为正,表明"谋划"与管理绩效有显著的正相关关系;"策略"与管理绩效之间的相关系数为 0.321,在 0.000 的显著性水平下显著为正,表明"策略"与管理绩效有显著的正相关关系,下面我们逐一对这些因子就未来如何预测与控制做一定的分析。

1) 民营企业"谋划"与管理绩效的预测与控制。由上述分析可知,"谋划"内含的影响因子主要为系统性、科学性、信息情报、战略联盟。据此,民营企业在未来的发展过程中,首先,要注重把握宏观、搞活微观,掌握经济情况发展的方向,同时也要掌握市场的变化节奏和战略方向、业务单元战略以及职能战略;其次,要注重分清主次,搞活重点,战略管理要有的放矢,不仅重视明确可见的信息,还要关注含有重要内容的模糊不清的信息;最后,要多方兼顾、科学平衡,要精心组建结构合理的民营企业群,彼此关联和促进,发挥战略协同效应,达到整体最优的效果和效益。

2) 民营企业"策略"与管理绩效的预测与控制。由上述分析可知,"策略"内含的影响因子主要为团队、谋略、创新。据此,作为民营企业,在未来的发展过程中通过团队精神的培养,提升企业的资源整合能力,加强技术创新、发展核心竞争力,培养和强化学习能力、提升自制力,培养寻找潜在的市场的能力,加强实施企业战略规划的决策能力。

(3) 国有企业"人谋管理"管理绩效影响因子的预测与控制。由第六章统计分析对国有企业"人谋管理"管理绩效的回归方程分析可知,"谋划"与管理绩效之间的相关系数为 0.297,在 0.000 的显著性水平下显著为正,表明"谋划"与管理绩效有显著的正相关关系;"策略"与管理绩效之间的相关系数为 0.389,在 0.000 的显著性水平下显著为正,表明"策略"与管理绩效有显著的正相关关系,下面我们逐一对这些因子就未来如何预测与控制做一定的分析。

1) 国有企业"谋划"与管理绩效的预测与控制。由上述分析可知,"谋划"内含的影响因子主要为系统性、科学性、信息情报、战略联盟。国有企业在未来激烈的国际、国内市场竞争中要注重企业未来的谋划,建立一套高效、灵敏、准确的信息情报系统,着重加强战略规划的系统性和科学性,打造企业良好的战略执行力,努力获取竞争对手难以模仿的资源和能力。

2) 国有企业"策略"与管理绩效的预测与控制。由上述分析可知,"策略"内含的影响因子主要为团队、谋略、创新。据此,国有企业在对未来进行谋划时要注意策略的制定,首先要发扬团队精神,凝聚企业内的每一位员工,群策群力,充分发挥智囊团的作用,为企业的未来出谋划策;其次要有创新意识,鼓励全体员工和管理者进行技术创新、产品创新和管理创新,重视企业战略管理和战略目标,在创新中谋发展。

4. 中国企业管理模式"人缘管理"影响因子的预测与控制

(1) 中外合资企业"人缘管理"管理绩效影响因子的预测与控制。由第六章统计分析对中外合资企业"人缘管理"管理绩效的回归方程分析可知,"礼与法"与管理绩效之间的相关系数为 0.408,在 0.000 的显著性水平下显著为正,表明"礼与法"与管理绩效有显著的正相关关系;"为人"与管理绩效之间的相关系数为 0.289,在 0.000 的显著性水平下显著为正,表明"为人"与管理绩效有显著的正相关关系;"五缘"与管理绩效之间的相关系数为 0.16,在 0.000 的显著性水平下显著为正,表明"五缘"与管理绩效有显著的正相关关系,下面我们逐一对这些因子就未来如何预测与控制做一定的分析。

1) 中外合资企业"礼与法"与管理绩效的预测与控制。由上述分析可知,"礼与法"内含的影响因子主要为情理法、无为而治、沟通、学习型、团队、文化。据此,中外合资企业在未来企业发展过程中,在处理合资双方的矛盾和冲突时要情、理、法并用,注重沟通渠道的建立和团队精神的发扬,建立学习型组织,通过合资双方员工的互相学习和融合,加强企业的凝聚力,在企业内部倡导和合文化,形成和谐、融洽的企业人际氛围。

2) 中外合资企业"为人"与管理绩效的预测与控制。由上述分析可知,"为人"内含的影响因子主要为"安人"和中庸。据此,在中外合资企业未来发展过程中,作为企业高层管理者要注重合资双方员工的文化、习俗的差异,包容各种不同文化的共存,为人师表,构建上层管理者之间的和谐关系,为员工与下属管理者做出表率。同时,在处理合资双方出现的矛盾和冲突时要注意适度与中庸,不能偏激,只有这样才能达到"为人"的目的。

3) 中外合资企业"五缘"与管理绩效的预测与控制。由上述分析可知,"五缘"内含的影响因子主要指"人缘管理"中的五缘,即亲缘、地缘、文缘、商缘、神缘。据此,中外合资企业在未来的市场开拓中要合理、合法地用好这五缘,在此,中方管理者在亲缘、神缘、文缘中有其独到优势,而外方管理者在地缘和商缘中有其独到之处,双方紧密合作,各取所长,对未来的国际、国内市场的拓展一定能起到珠联璧合的效果。

(2) 民营企业"人缘管理"管理绩效影响因子的预测与控制。由第六章统计分析对民营企业"人缘管理"管理绩效的回归方程分析可知,"礼与法"与管理绩效之间的相关系数为 0.372,在 0.000 的显著性水平下显著为正,表明"礼与法"与管理绩效有显著的正相关关系;"为人"与管理绩效之间的相关系数为 0.379,在 0.000 的显著性水平下显著为正,表明"为人"与管理绩效有显著的正相关关系;"五缘"与管理绩效之间的相关系数为 0.168,在 0.000 的显著性水平下显著为正,表明"五缘"与管理绩效有显著的正相关关系,下面我们逐一对这些因子就未来如何预测与控制做一定的分析。

1) 民营企业"礼与法"与管理绩效的预测与控制。由上述分析可知,"礼与法"内含的影响因子主要为情理法、无为而治、沟通、学习型、团队、文化。据此,民营企业在未来的企业管理中要实现无为而治,注意企业学习型组织的建立,培养员工的自律、自主意识,要注重法治的建设,在处理企业内部各种矛盾和事务中注重以理性和法治为原则,避免人治。

2) 民营企业"为人"与管理绩效的预测与控制。由上述分析可知,"为人"内含的影响因子主要为"安人"和中庸。据此,民营企业高层管理者在未来企业管理中要注重以身作则,以自身的清正廉洁、公正、明智、中庸为全体员工做表率,以此安抚员工。破除"差序格局",建立和谐、民主的人际关系。

3) 民营企业"五缘"与管理绩效的预测与控制。由上述分析可知,"五缘"内含的影响因子主要指"人缘管理"中的五缘,即亲缘、地缘、文缘、商缘、神缘。据此,民营企业在开拓市场时,大多依靠亲缘、地缘、神缘打开市场。在未来的市场开拓中民营企业要注重商缘、文缘的建立,充分利用各种人脉关系,建立广泛的商业网络和渠道,以此开拓国际、国内市场。

(3) 国有企业"人缘管理"管理绩效影响因子的预测与控制。由第六章统计分析对国有企业"人缘管理"管理绩效的回归方程分析可知,"礼与法"与管理绩效之间的相关系数为 0.356,在 0.000 的显著性水平下显著为正,表明"礼与法"与管理绩效有显著的正相关关系;"为人"与管理绩效之间的相关系数为 0.26,在 0.000 的显著性水平下显著为正,表明"为人"与管理绩效有显著的正相关关系;"五缘"与管理绩效之间的相关系数为 0.13,在 0.000 的显著性水平下显著为正,表明"五缘"与管理绩效有显著的正相关关系,下面我们逐一对这些因子就未来如何预测与控制做一定的分析。

1) 国有企业"礼与法"与管理绩效的预测与控制。由上述分析可知,"礼与法"内含的影响因子主要为情理法、无为而治、沟通、学习型、团队、文化。据此,国有企业在未来管理中,要充分发挥员工的积极性和创造性,培养员工主人翁精神,在企业内部形成一种无形的规范和约束力量,建立激励机制,加强团队建设,创造一种和谐奋进的组织氛围,实现无为而治的管理境界。

2) 国有企业"为人"与管理绩效的预测与控制。由上述分析可知,"为人"内含的影响因子主要为"安人"和中庸。据此,国有企业的高层管理者在未来的管理过程中要以自身的人格、品行及工作作风影响员工与下属管理者,建立参与式与民主式的管理,使全体员工能心悦诚服地接受管理和领导。同时,对于企业内外的任何事务的处理都应以中庸为准则,合理、适当地处理各种冲突和矛盾。

3) 国有企业"五缘"与管理绩效的预测与控制。由上述分析可知,"五缘"内含的影响因子主要指"人缘管理"中的五缘,即亲缘、地缘、文缘、商缘、神缘。据此,作为国有企业,与政府间的关系非常密切,但在亲缘、地缘、文缘、神缘诸多关系中没有像中外合资企业和民营企业那样更加密切。为此,在未来的企业发展过程中,特别是在国际、国内市场的开拓过程中,要充分挖掘地缘、商缘、神缘在商业网络建设中的作用,这对市场的开拓和产业链网络的建设都将起到重要的作用。

二、中国企业管理模式的支撑模式影响因子的预测与控制

1. 中国企业管理模式"人心管理"影响因子的预测与控制

(1) 中外合资企业"人心管理"管理绩效影响因子的预测与控制。由第六章统计分析对中外合资企业"人心管理"管理绩效的回归方程分析可知,"管理者激励"与管理绩效之间的相关系数为0.341,在0.000的显著性水平下显著为正,表明"管理者激励"与管理绩效有显著的正相关关系;"员工激励"与管理绩效之间的相关系数为0.352,在0.000的显著性水平下显著为正,表明"员工激励"与管理绩效有显著的正相关关系。下面我们逐一对这些因子就未来如何预测与控制做一定的分析。

1) 中外合资企业"管理者激励"与管理绩效的预测与控制。由上述分析可知,"管理者激励"内含的影响因子主要为主体激励和管理者相互激励。据此,作为企业管理者,在未来的企业激励方面应更注重提高管理者的自律、努力、公正、仁爱、民主、勤勉,以此激励自己更好地为企业服务,取得管理成就,为员工所认可。管理者彼此之间互相激励,友好、尊重、休戚相关,在企业内部形成良好的人际关系和领导作风,以此激励全体员工,为企业有序、顺利发展奠定必要的基础。

2) 中外合资企业"员工激励"与管理绩效的预测与控制。由上述分析可知,"员工激励"内含的影响因子主要为他化激励和员工相互激励。据此,企业管理者在未来的管理中,通过提供良好的工作条件、对员工的工作进行激励与认可、对员工的雇佣予以保证、让员工自主发展、给予优厚的福利待遇、尊重每一位员工的人格,从而调动员工的积极性、创造性,使员工具有较高的工作效率和工作热情。

(2) 民营企业"人心管理"管理绩效影响因子的预测与控制。由第六章统计分析对民营企业"人心管理"管理绩效的回归方程分析可知,"管理者激励"与管理绩效之间的相关系数为0.387,在0.000的显著性水平下显著为正,表明"管理者激励"与管理绩效有显著的

正相关关系；"员工激励"与管理绩效之间的相关系数为0.416，在0.000的显著性水平下显著为正，表明"员工激励"与管理绩效有显著的正相关关系，下面我们逐一对这些因子就未来如何预测与控制做一定的分析。

1) 民营企业"管理者激励"与管理绩效的预测与控制。由上述分析可知，"管理者激励"内含的影响因子主要为主体激励和管理者相互激励。据此，作为企业未来激励机制的建立，应制定灵活的激励机制，扩大激励效用。要完善"年薪制"，逐步实行"持股经营"激励方式，实行优厚的社会保障制度，实现对管理者的长效激励；进一步完善企业干部人事制度，发挥外部市场环境对管理者的竞争性激励和约束；进一步强化管理者任期业绩的考核与经营过程的监督、激励和约束；实行股权激励，将管理者的利益与企业利益相统一，达到双赢的目的。

2) 民营企业"员工激励"与管理绩效的预测与控制。由上述分析可知，"员工激励"内含的影响因子主要为他化激励和员工相互激励。据此，企业未来激励机制的建立要注重制定科学的薪酬体系，建立有效的员工考核和淘汰机制，加强精神激励的力度。同时，通过环境激励、事业激励、感情激励，建立完善的激励制度，用以留住优秀的人才，最大限度地发挥员工的积极性、创造性和工作热情。

(3) 国有企业"人心管理"管理绩效影响因子的预测与控制。由第六章统计分析对国有企业"人心管理"管理绩效的回归方程分析可知，"管理者激励"与管理绩效之间的相关系数为0.283，在0.000的显著性水平下显著为正，表明"管理者激励"与管理绩效有显著的正相关关系；"员工激励"与管理绩效之间的相关系数为0.403，在0.000的显著性水平下显著为正，表明"员工激励"与管理绩效有显著的正相关关系，下面我们逐一对这些因子就未来如何预测与控制做一定的分析。

1) 国有企业"管理者激励"与管理绩效的预测与控制。由上述分析可知，"管理者激励"内含的影响因子主要为主体激励和管理者相互激励。据此，在未来企业激励机制的构建中对企业管理者应采用岗位价值评估法表,确定岗位工作的重要程度,根据不同的岗位给予不同的激励;加大绩效考核力度,实施绩效工资制度;物质激励与精神激励相结合,不仅在薪酬上(如工资、奖金、福利、分红、股票)进行激励,还应从精神上进行激励,如进行目标激励、荣誉激励、事业激励等。

2) 国有企业"员工激励"与管理绩效的预测与控制。由上述分析可知,"员工激励"内含的影响因子主要为他化激励和员工相互激励。据此,在未来的激励机制的建设过程中,首先,要注重的是量体裁衣、因人制宜,根据员工的需要进行激励,因事用人、因才用人、视能授权;其次,要坚持公平、公正原则,将激励与员工绩效挂钩、与市场效果挂钩,要使不同的贡献者有明显的收入差别;最后,物质激励与精神激励相结合,如进行目标激励、荣誉激励、情感激励。通过各种不同的激励,增强企业的凝聚力和提升核心竞争优势。

2. 中国企业管理模式"人才管理"影响因子的预测与控制

(1) 中外合资企业"人才管理"管理绩效影响因子的预测与控制。由第六章统计分析对中外合资企业"人才管理"管理绩效的回归方程分析可知,"用人"与管理绩效之间的相关系数为 0.408,在 0.000 的显著性水平下显著为正,表明"用人"与管理绩效有显著的正相关关系;"培训"与管理绩效之间的相关系数为 0.274,在 0.000 的显著性水平下显著为正,表明"培训"与管理绩效有显著的正相关关系;"容短原则"与管理绩效之间的相关系数为 0.183,在 0.000 的显著性水平下显著为正,表明"容短原则"与管理绩效有显著的正相关关系,下面我们逐一对这些因子就未来如何预测与控制做一定的分析。

1) 中外合资企业"用人"与管理绩效的预测与控制。由上述分析可知,"用人"内含的影响因子主要为分类原则、能质能级对应、激励原则、用人标准、人才机制、人才成长、绩效、人本管理。据此,中外合资企业在未来的人力资源管理中应加强中外双方的交流与沟通,增进相互信任与合作关系;重视人力资源管理者的素质培养,通过分类原则和能质能级对应,加强人力资源管理队伍的建设;利用信息技术，提高人力资源管理效率；创建学习型组织，形成企业员工的共同愿景；认清具体情况，实现人本管理，使西方管理工具"中国化"；实现人才本土化策略，使本地人才更好地适应本土环境的新人力资源管理模式。

2）中外合资企业"培训"与管理绩效的预测与控制。由上述分析可知，"培训"主要指"人才管理"中的培训工作。作为中外合资企业，在未来的管理中，要正确认识中外文化的特性，重视人才本土化的建设，对员工进行针对性的训练，以提升合资企业员工的工作能力和适应能力。同时，在进行培训时应中外有别，对于中资员工，要注重群体培训，对于外资员工要进行个体培训，在培训内容上要考虑吸取中外双方的先进的、优秀的管理经验。

3）中外合资企业"容短原则"与管理绩效的预测与控制。由上述分析可知，"容短原则"主要指"人才管理"中要注重包容和容短。在此，中外合资企业在今后的人力资源管理中要包容各种不同的文化所体现的文化个性，尊重合资双方的母国文化，彼此包容，不断融合。同时，中外合资双方的管理者对于员工中由于文化的冲突和矛盾出现的问题，要具有宽容的态度，规避人才使用过程中呈现的短处，扬长避短，充分发挥各种人才的特长和能力，使企业人尽其用，从而获得合资经营的成功。

（2）民营企业"人才管理"管理绩效影响因子的预测与控制。由第六章统计分析对民营企业"人才管理"管理绩效的回归方程分析可知，"用人"与管理绩效之间的相关系数为 0.372，在 0.000 的显著性水平下显著为正，表明"用人"与管理绩效有显著的正相关关系；"培训"与管理绩效之间的相关系数为 0.288，在 0.000 的显著性水平下显著为正，表明"培训"与管理绩效有显著的正相关关系；"容短原则"与管理绩效之间的相关系数为 0.197，在 0.000 的显著性水平下显著为正，表明"容短原则"与管理绩效有显著的正相关关系，下面我们逐一对这些因子就未来如何预测与控制做一定的分析。

1）民营企业"用人"与管理绩效的预测与控制。由上述分析可知，"用人"内含的影响因子主要为分类原则、能质能级对应、激励原则、用人标准、人才机制、人才成长、绩效、人本管理。为此，民营企业在未来的人力资源管理过程中，要明确人力资源发展规划，建立完备的机制留住人才，完善企业的绩效、薪酬与激励机制，改造家族式管理，举贤任能，唯才是用，采用多种方法以拓宽引进人才的渠道。

2）民营企业"培训"与管理绩效的预测与控制。由上述分析可知，"培训"主要是指"人才管理"中的培训工作。为此，民营企业在未来的企业培训中，应重视员工的学习与培训工作，让员工学以致用，提高员工的就业能力，使员工的知识、能力适应当前的科学技术和激烈的市场竞争，使企业保持旺盛的生命力，在市场竞争中立于不败之地。

3）民营企业"容短原则"与管理绩效的预测与控制。由上述分析可知，"容短原则"主要指"人才管理"中的包容与容短。作为民营企业，在未来的企业"人才管理"中，管理者应注意用人气度，对于员工或下属在工作中的失误应采取宽容的态度；同时，应包容企业内部各种人才的不同个性和短处，合理配置各功能部门的人才，取长补短，各尽所用，以此化解民营企业人才短缺的不利之处。

(3) 国有企业"人才管理"管理绩效影响因子的预测与控制。由第六章统计分析对国有企业"人才管理"管理绩效的回归方程分析可知，"用人"与管理绩效之间的相关系数为 0.339，在 0.000 的显著性水平下显著为正，表明"用人"与管理绩效有显著的正相关关系；"培训"与管理绩效之间的相关系数为 0.241，在 0.000 的显著性水平下显著为正，表明"培训"与管理绩效有显著的正相关关系；"容短原则"与管理绩效之间的相关系数为 0.166，在 0.000 的显著性水平下显著为正，表明"容短原则"与管理绩效有显著的正相关关系，下面我们逐一对这些因子就未来如何预测与控制做一定的分析。

1）国有企业"用人"与管理绩效的预测与控制。由上述分析可知，"用人"内含的影响因子主要为分类原则、能质能级对应、激励原则、用人标准、人才机制、人才成长、绩效、人本管理。为此，国有企业在未来的人力资源管理过程中要注意做好人力资源战略规划，制定分层次、分系统的人才培养计划，建立以绩效为中心的科学评价体系和评价模式，建立企业优胜劣汰的竞争机制，注意人力资源管理与市场对接，以发展前景吸引人才，培养"亲和"的组织文化氛围，增强员工对企业的认同感、归属感和对工作的参与度。

2）国有企业"培训"与管理绩效的预测与控制。由上述分析可知，"培训"主要指"人才管理"中的培训工作。作为国有企业，在未来的企业"人才管理"过程中，要加强员工的培训工作，充分发挥和利用人力资源的潜能，更大程度地实现其自身价值，提高其工作满意度，增强其对企业的归属感。为此，要制定合理的培训计划，有效实施培训，把培训考核结果与培训人员的晋升、提拔、上岗等工作联系起来，真正体现培训的目的和效果。

3）国有企业"容短原则"与管理绩效的预测与控制。由上述分析可知，"容短原则"主要是指"人才管理"中的包容与容短。国有企业的管理者在未来任用人才时一定要有用人的气度，善于发掘企业内各种不同人才，对于不同的人才所具有的各种特性要采取包容的态度，取其所长，为我所用，合理配置各路人才，尽力克服国有企业"人才短缺"和"人员富余"的问题，建立健全人才选拔机制，让各种不同的人才有用武之地，让他们在适合的岗位上得到发展，从而给企业创造更好的效益。

参考文献

[1] 宫瑞萍:《了解中西方文化差异——建立跨文化管理模式》,《特区经济》,2002年第10期。

[2] 周钟:《合资企业的文化整合》,《国际市场》,2001年第7期。

[3] 林新奇:《国际人力资源管理》,复旦大学出版社,2004年。

[4] 朱筠笙:《跨文化管理:碰撞中的协同》,广州经济出版社,2000年。

[5] 曾仕强:《中国式的管理》,中国社会科学出版社,2005年。

[6] 陈晓萍:《跨文化管理》,清华大学出版社,2005年。

[7] 郑建祥:《论跨国公司的跨文化管理》,《企业经济》,2004年第7期。

[8] 张索峰:《国际化经营与跨文化管理》,《长江论坛》,2003年第4期。

[9] 何志毅:《跨文化管理的制衡与融合》,《北大商业评论》,2005年11月。

[10] 方琢:《文化差异与跨文化管理》,《经济与管理》,2001年10月。

[11] 宋媛媛、马骥:《经济全球化背景下中外合资企业文化的构建》,《湖北经济学院学报》(人文社会科学版),2004年10月。

[12] [美]约翰·B.库伦:《多国管理战略要经》,机械工业出版社,2000年。

[13] 王进:《中国民营企业文化构建模式分析》,清华大学出版社,2004年。

[14] 张镜英：《新经济时代的民营企业文化》，同济大学出版社，2003年。

[15] 李亚：《民营企业发展战略》，中国方正出版社，2004年。

[16] 王忠武、李兆春：《领导目标与领导有效性》，《理论学刊》，1998年。

[17] 张德：《人力资源开发与管理》，清华大学出版社，2001年。

[18] 戴贤远：《中外合资企业在中国的再兴起与发展研究》，《北京师范大学学报》（社会科学版），1999年。

[19] 史占中：《企业战略联盟》，上海财经大学出版社，2001年。

[20] 陈继祥、黄丹、范徵：《战略管理》，上海人民出版社，2004年。

[21] 叶祥松：《国有公司产权关系和治理结构》，经济管理出版社，2000年。

[22] 杨洁：《企业创新论》，经济管理出版社，1999年。

[23] 杨华峰、王学军：《企业基业长青的战略管理新思维》，《求索》，2008年第10期。

[24] 郑石桥、马新智：《战略导向整合管理》，新疆大学出版社，2003年。

[25] 斯蒂芬·P. 罗宾斯：《组织行为学》（第七版），中国人民大学出版社，2003年。

[26] 楚天骄、杜德斌：《跨国公司研发机构与本土互动的原理与机制研究》，《中国软科学》，2006年第2期。

[27] 中国科技发展战略研究小组：《中国区域创新能力报告》（2005～2006），科学出版社，2006年。

[28] 杨志刚：《技术系统和创新系统：观点及其比较》，《软科学》，2003年第3期。

[29] 赵农：《权威的形成与企业的性质》，《政治经济学评论》，2004年第1期。

[30] 赵郁：《企业制度与市场组织——交易费用经济学文选》，上海三联书店，上海人民出版社，1996年。

[31] 张维迎：《企业的企业家——契约理论》，上海三联书店，

上海人民出版社，1995年。

［32］刘茂松：《国有企业产权制度创新论——社会主义国有企业法人制度研究》，湖南人民出版社，1999年。

［33］鲁开垠、汪大海灯：《核心竞争力——企业永续制胜之路》，经济日报出版社，2001年。

［34］李亚雄：《论国有企业的权威结构》，《河南社会科学》，2004年第1期。

［35］李永强：《MBO与企业家激励》，《软科学》，2003年第6期。

［36］金帆：《智力资本出资的理论分析与制度设计》，《中国工业经济》，2005年第1期。

［37］王明伟、田泽：《关于现代企业创建学习型组织的探讨》，《中国科技信息》，2005年第17期。

［38］汤俊、杨从杰：《如何实现企业和员工之间的双向忠诚》，《商场现代化》，2005年。

［39］彼得·圣吉：《第五项修炼》，上海三联书店，1996年。

［40］德鲁克：《21世纪管理的挑战》，生活·读书·新知三联书店，2006年。

［41］李金波、许百华、陈建明：《影响员工工作投入的组织相关因素研究》，《应用心理学》，2006年第2期。

［42］凌文辁、杨海军、方俐洛：《企业员工的组织支持感》，《心理学报》，2006年第2期。

［43］张燕、王辉、樊景立：《组织支持对人力资源措施和员工绩效的影响》，《管理科学学报》，2008年第2期。

［44］周明建、宝贡敏：《组织中的社会交换：由直接到间接》，《心理学报》，2005年第4期。

［45］Katzenbach, J. and Smish, D. (1993). The Magic of Teams, Harvorard Business School Press, Boston, Mass.

［46］Sheridan, J. H. (1997). Culture-change Lessons. Industry Week, February 17: 20-24.

[47] Ansoff, H. I. Implanting Strategic Management. NJ: Englewood Cliffs.

[48] Drucker P. F. (1954). The Practice of Management. New York: Harper & Brothers.

[49] Adams, J. D. (1984). Transforming Work. Miles Review Press, Alexandrix, VA.

[50] Shaheen, George T. (March, 1994). Approach to Transformation. Chief Executive.

[51] Warner, M. Human Resource Management Practices in International Joint Ventures Versus State-owned Enterprises in China. New York: Routledge.

[52] Vroom, V. (1964). Work and Motivation. New York: Wiley.

[53] Avolio, B. J. & Bass, B. M. (1990). Transformational Leadership Development: Manual for the Multifactor Leadership Questionnaire. Consulting Psychological Press, Inc.

[54] Bass, B. M. (1999). Two Decades of Research and Development in Transformational Leadership. European Journal of Work and Organizational Psychology.

[55] Stogdill, R. M. (1974). Handbook of Leadership. New York: Free Press.